Herausgegeben von Dagmar Reim

Rolf Schneider

20xBrandenburg

Menschen, Orte, Geschichten

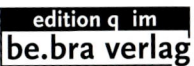

Abbildungsnachweis

Archiv des Verlages 24, 37, 40, 41, 42, 47, 55, 58, 71, 79, 80, 88, 96, 108, 121, 122, 126, 127, 140, 145, 148, 150, 155, 156, 160, 161, 164; bpk 57, 75, 85, 183; Bundesarchiv 32 (Bild 183-R97432), 48 (Bild 146-2004-0118), 65 (Bild 146-1979-175-10), 89 (Bild 183-N1223-0002, Foto: Müller), 109 (Bild 183-E0406-0022-012), 118 (Bild 183-2004-0720-500); Ingrid Kirschey-Feix 84; Udo Krause 93; PCK Raffinerie GmbH 87, 90; dpa Picture Alliance 66; Julien Racine 120, 123, 124, 125, 141, 142, 143; Therese Schneider 138; www.Spreewald.de 133, 135; Stiftung Fürst-Pückler-Museum Park und Schloss Branitz 144, Ulrike Ufer 19; ullstein bild 43, 61, 82, 172. Alle anderen Fotografien: Matthias Zimmermann.

Bibliografische Information der Deutschen Nationalbibliothek
Die Deutsche Nationalbibliothek verzeichnet diese Publikation in der Deutschen Nationalbibliografie; detaillierte bibliografische Daten sind im Internet über http://dnb.d-nb.de abrufbar.

© edition q im be.bra verlag GmbH
Berlin-Brandenburg, 2010
KulturBrauerei Haus S
Schönhauser Allee 37, 10435 Berlin
post@bebraverlag.de
Lektorat: Matthias Zimmermann, Berlin
Umschlag: typegerecht berlin, Berlin
Innengestaltung: Friedrich, Berlin
Schrift: Calibri 10,5/13,5
Druck und Bindung: Dami Editorial & Printing Services
ISBN 978-3-86124-645-9

www.bebraverlag.de

20xBrandenburg

Brandenburg sei, so hört man es oft, ein Land für den zweiten Blick. Es fehlten spektakulär hohe Berge, das Meer, dramatische Landschaften. Gut so, dachte ich, als ich hier landete im Jahr 2003. Brandenburg protzt nicht, es prunkt nicht, ist nicht eitel und aufgeblasen. Land und Leute haben mich vom ersten Tag an für sich eingenommen.

Der Rundfunk Berlin-Brandenburg hat die Aufgabe, die Menschen in beiden Bundesländern, in Metropole und Flächenland, mit informativen und unterhaltsamen Fernseh-, Radio- und Internetangeboten zu versorgen. Gar nicht so einfach, könnte man auf Anhieb denken, denn die Lebenswelten unserer Zuschauerinnen, Hörer und Internetnutzer unterscheiden sich oft sehr. Der Facharbeiter aus Cottbus lebt anders als der Punk in Kreuzberg, die Pensionärin in der Uckermark anders als die PR-Beraterin in Mitte. Gleichwohl gibt es etwas, was sie eint: die Neugier aufeinander.

Viele Themen verbinden die Berlinerinnen und Brandenburger tagtäglich miteinander. Ein dichtes Netz technischer und wirtschaftlicher Beziehungen durchzieht die Region. Die Hauptstadt bezieht Wasser, Energie und Lebensmittel aus dem Umland, Hunderttausende Arbeitnehmer pendeln täglich, und rings um Berlin wächst ein Speckgürtel mit Neubürgern, die beides sind – Brandenburger und Berliner. Nur ein Beispiel für das dynamische Zweckbündnis: der neue Großflughafen Berlin-Brandenburg International, der im zwanzigsten Jahr der deutschen Einheit Gestalt annimmt.

Ein Thema beschäftigt die Berlinerinnen und Brandenburger gleichermaßen: Soziale und wirtschaftliche Veränderungen, denen die Hauptstadtregion in besonderer Weise ausgesetzt ist. Technischer Fortschritt, Globalisierung, Migration und jüngst die Wirtschafts- und Finanzkrise beeinflussen das Leben der Einzelnen immer stärker. Die neuen Freiheiten bringen nicht allen Sicherheit und Wohlstand.

Mit seinen jetzt zwanzig Jahren ist Brandenburg jung im Reigen der Länder. Das neue Bundesland hat es nicht leicht gehabt nach der Wende. Industriestandorte wie das Stahlwerk Brandenburg oder das Nähmaschinenwerk in Wittenberge: abgewickelt. Fast jeder musste sich existentiell neu orientieren – vielfach verbunden mit schwierigen und bedrückenden Erfahrungen – Jobwechsel, Arbeitslosigkeit, Rückübertragung von Eigentum an Altbesitzer.

Inzwischen hat sich die Region grundlegend verändert: Energie aus Kohle, Wind und Sonne, Hochtechnologie in Schwedt und Schwarzheide, wissenschaftliche Innovation und vor allem Tourismus bestimmen die Entwicklung. Allerdings: Bestimmte negative Tendenzen kann diese Umwälzung nur eindämmen, nicht aufhalten. Im Mai 2010 veröffentlichte das Amt für Statistik Berlin-Brandenburg eine neue Studie: In den nächsten zwanzig Jahren wird Brandenburg fast dreihunderttausend Einwohner verlieren. Zwölf Prozent der gesamten Bevölkerung. Vor allem junge Menschen verlassen die kleinen Städte und Dörfer für eine Ausbildung oder einen guten Job in Richtung Hauptstadt oder Westdeutschland.

Mag die Länderfusion aktuell auch nicht auf der Tagesordnung stehen – Brandenburg und Berlin werden und wollen die Zukunft einer Region in Europa gemeinsam meistern. Und die Mark kann der Weltstadt vor allem eines signalisieren: »Immer auf dem (grünen) Teppich bleiben!« Brandenburg ist kein Mauerblümchen, sondern ein Land mit langer Tradition und modernen Ansätzen, ein Land mit Eigenheiten und Eigensinn.

Unser Projekt »20xBrandenburg« spiegelt die vielfältigen Facetten des Landes wider – in den filmischen Beschreibungen der Menschen ebenso wie in diesem Buch, das überall auf der brandenburgischen Landkarte kleine Hinweistafeln setzt.

Ich bin froh darüber, dass wir Andreas Dresen, den vielfach ausgezeichneten Filmemacher aus Potsdam, für dieses große Dokumentarwerk gewonnen haben. Mit seinem liebevoll-ironischen Blick auf

Land und Leute und seiner offenen und respektvollen Art hat er bei allen Beteiligten des Fernsehprojektes »20xBrandenburg« eine kreative Grundstimmung geschaffen. Ich danke Rolf Schneider, dem klugen Chronisten, der Brandenburg wie kaum ein anderer kennt und aus seiner tiefen Zuneigung zum Land keinen Hehl macht. Sein Buch ist eine literarische Wanderung durch das Land – für Alteingesessene, Zugereiste oder Ausflügler gleichermaßen. Und ich danke allen beteiligten Kolleginnen und Kollegen im rbb, die das multimediale Projekt zu ihrer Sache gemacht haben.

Seit sieben Jahren lebe ich nun hier. Die Liebe auf den ersten Blick zu Brandenburg hält. Brandenburg zu mögen und sich mit dem Land und seinen Menschen auseinanderzusetzen – dafür gibt es, das weiß ich jetzt, mehr als zwanzig gute Gründe.

Dagmar Reim

Intendantin
Rundfunk Berlin-Brandenburg

Märkischer Mythos

Im Jahre 1996 unternahmen die Stadt Berlin und das Bundesland Brandenburg den Versuch zu fusionieren. Die beiden damaligen Regierungschefs hatten sich nachhaltig für die Sache verwendet, andere Prominente auch, dazu gab es allerlei PR-Kampagnen, auf denen als Wappentiere Bär und Adler verkleidete Komparsen albern herumtaumelten, und von Schallplatten ertönte ein Werbelied, dessen unmöglicher Wortlaut erröten machte. Es gab Bücher, Podiumsgespräche, Treffen und Events aller Art.

Dann lief die Volksabstimmung über das Projekt, und die ergab, dass zwar die Mehrheit der Berliner die Fusion wollte, die Mehrheit der Brandenburger aber nicht. Zwischen Oder und Fläming hegte man den Verdacht, wieder einmal solle man durch die mächtige Hauptstadt dominiert und diminuiert werden, so wie schon zu Zeiten der eben untergegangenen DDR.

Dabei sprachen wirtschaftliche und politische Vernunft für die Fusion. Sie sprechen dafür immer noch. In wenigen Einzelbereichen wurde sie gar vollzogen, so im Fall des öffentlich-rechtlichen Senders rbb. Das völlig vereinte Land wäre jedenfalls größer und hätte mehr Gewicht, Verwaltungen und Vorhaben ließen sich koordinieren, störende Wettbewerbe um Industrieansiedlung fielen fort, auch Rückbezüge auf die gemeinsame brandenburgisch-preußische Vergangenheit wären gegeben und ließen sich ausbeuten. Es half alles nichts.

Damals gab man sich das Versprechen, die Sache zu wiederholen. Ich weiß, dazu wird es niemals kommen. Die bundesdeutsche Wirklichkeit ist von einer Art, dass einmal Gegebenes sich nur schwer verändern lässt: Die innere Trägheit der betroffenen Milieus steht dagegen. Die bundesdeutsche Nachkriegsgeschichte kennt eine einzige vollzogene Länderfusion, die von Südbaden,

Allee in Brandenburg

11

Württemberg-Baden und Württemberg-Hohenzollern im Jahre 1952. Unter den Folgen stöhnt man dort immer noch.

Ich selbst habe 1996 zu den Befürwortern gehört. Dafür gab es zunächst einen simplen Grund: Ich wohne in Brandenburg, seit Jahrzehnten schon, aber unmittelbar hinter meinem Gartenzaun beginnt Berlin. Ich lebe gleichsam auf der Grenze. Ein Gang nach Berlin kostet mich wenige Minuten, eine Fahrt in die für mich zuständige Kreisstadt Beeskow dauert, wenn ich das Auto benutze, wenigstens eine Stunde, und nehme ich die öffentlichen Verkehrsmittel, dauert sie einen halben Tag.

Das Land Brandenburg ist ein geopolitischer Torso. Das Herzstück Berlin fehlt ihm ebenso wie die Altmark, aus der es, historisch genommen, einst hervorging, dazu die Neumark, mit der es früher über die Oder griff. Dies alles folgt aus Ereignissen unserer jüngeren Vergangenheit, Beschlüssen der siegreichen Alliierten im Jahre 1945 und deutschen Untaten davor. Wenn ich Brandenburg in seinen heutigen Grenzen akzeptiere, anerkenne ich die Konsequenzen unserer Geschichte. Dies gründet auf politische Vernunft, auf Emphase kaum. Dessen ungeachtet, die weitläufige Landschaft mit ihren Birken, ihren Zisterzienserabteien und Eiszeitgewässern, ihren Sandwegen, Kiefernwäldern und Feldsteinkirchen, ihren geduckten Dörfern und ihrem kühlen norddeutschen Licht, sie ist mir inzwischen vertraut und hat meine Zuneigung.

Das Bundesland Brandenburg ist derzeit gegliedert in fünfzehn Landkreise und drei kreisfreie Städte. Zusammen ergibt dies achtzehn Verwaltungseinheiten. Unser Buch bedenkt zwanzig Topografien. Diese Vorgabe bezieht sich, natürlich, auf das Jubeldatum von zwanzig Jahren deutscher Einheit.

Als ich mich, nach kurzem Zögern und getrieben von einer Art sportivem Trotz, auf dieses Vorhaben einließ, nahm ich mir vor, zehn für die Mark Brandenburg wichtige geografisch-zivilisatorische Objekte auszuwählen, nämlich: einen See, einen Fluss, einen Dom, ein Kloster, eine Waldung, eine Stadt, einen Höhenzug, ein Schloss, einen Friedhof, eine Großindustrie. Hinzu sollten zehn für Branden-

Klinkerwand in Kloster Zinna

Herbstimpression

burg charakteristische Lebensläufe treten: der eines Dichters, eines Politikers, eines Militärs, eines Unternehmers, eines Komponisten, eines Bildkünstlers, eines Architekten, eines Aristokraten, eines Gartengestalters, eines Monarchen. Alles miteinander sollte in die zwanzig Topografien eingepasst werden, was in etwa gelang. Dabei ist aus dem Unternehmer eine Unternehmerin geworden, aus einem Komponisten wurden deren zwei, und neben dem exemplarischen Lebenslauf eines Dichters kommen noch ein Dutzend weitere Literaten vor, in Erwähnung oder im Zitat oder in beidem.

Das macht, ich bin meinerseits ein Literat. Zusätzlich kenne ich mich in Linguistik, Historie und Kunstgeschichte etwas aus, was zusammen meinen Umgang mit der Wirklichkeit bestimmt. Ein Astronom oder Mathematiker würde vermutlich auf andere Dinge achten, aber es ereignet sich nicht oft, dass ein Astronom oder Mathematiker Landschaftsbeschreibungen verfertigt.

Ein Schriftsteller, der in unseren Texten häufig auftritt, ist Theodor Fontane. Ich gestehe gern, dass dies, wenn es um die Mark

Brandenburg geht, nicht besonders einfallsreich ist. Eigentlich hatte ich den festen Vorsatz, Theodor Fontane so wenig wie möglich zu bemühen, schon weil es immer wieder Versuche von anderen Autoren gab, die Schauplätze der »Wanderungen« abzuschreiten, um deren veränderte oder nicht veränderte Realität zu konterfeien.

Die »Wanderungen« sind so etwas wie ein märkischer Mythos. Viele Zeitgenossen führen sie im Gepäck, viele auch im Mund, doch hege ich Zweifel, ob jeder von ihnen die fünf dicken Bände von Anfang bis Ende gelesen hat. Wie interessant ist denn heute, bloß als Beispiel, die Wiedergabe der vielen für das Kloster in Alt-Friedland gültigen Regularien? Oder die Aufzählung sämtlicher Bilder, die einst an den Wänden von Schloss Steinhöfel hingen? Ähnliches findet sich bei Fontane häufig und kann ermüden.

Kanal im Havelland

Aber, ach, auch ich konnte auf Fontane dann nicht verzichten. Für vieles gibt es keinen anderen Zeugen als ihn, und gäbe es ihn selbst, derart hinreißend wie er formuliert keiner. Ohne es zu wollen, sind unsere zwanzig Texte so etwas geworden wie Wanderungen der anderen Art. Natürlich bilden sie nicht das gesamte Bundesland ab, allenfalls Ausschnitte, doch selbst diese Einschränkung teilen sie mit Fontane.

Der war, unser Abschnitt über Neuruppin handelt ausführlicher davon, ein Gewächs der Mark. Ich bin das nicht. Zwar lebe ich, wie erwähnt, schon lange in der Region, ich kenne sie einigermaßen gut, doch lange Zeit blieben meine Empfindungen ihr gegenüber eher gehemmt. Wenn sich dies geändert hat, wurde es auch bedingt durch die schöne Literatur.

Ich denke hier nicht so sehr an Theodor Fontane als vielmehr an Peter Huchel. Ich habe ihn persönlich gut gekannt, bis in die Jahre seiner Verfemung durch die offizielle DDR hinein. Der knorrige Stolz, mit dem er am Ende jegliche angebotene Versöhnung

Flatowturm im Park Babelsberg

mit den SED-Behörden ausschlug, war wohl ein familiäres Erbteil. Gerne erzählte er von seinem märkischen Großvater, der mehrere Jahrzehnte lang mit einem Nachbarn prozessiert hatte, wegen irgendwelcher Nichtigkeiten, ich glaube, es ging um einen Baum.

Huchel, hochgewachsen von Statur, ausgestattet mit einer schneidenden Stimme und einer beträchtlichen Fähigkeit zu Hohn und Sarkasmus, gehörte zu den sensibelsten Lyrikern, die während der letzten sechs Jahrzehnte in deutscher Sprache geschrieben haben. Sein poetischer Kosmos war weit. Er schloss die kriegsverwüstete Ukraine ebenso ein wie die Gestade des Mittelmeers. Ihr Mittelpunkt war und blieb das wendische Dorf seiner Vorfahren. Bei Huchel habe ich begriffen, dass die westslawische Grundierung der Landschaften zwischen Havel und Oder keine folkloristische Behauptung ist, sondern eine mystische Unumstößlichkeit, und er, Huchel, wusste es am besten, da er, als er dann fortgegangen war, hatte fortgehen müssen, sich verzehrte in schmerzlicher Sehnsucht eben danach.

Sommerimpression

Spätem Monde zugeflogen
über Fluss und Herbstgemach,
schwebte im gestirnten Bogen
uns die Möwe Wolke nach.
Müder Mohn von Traurigkeiten,
Muschel, monden, wolkig, stern,
alles war in unserm Schreiten,
und du schrittest tief und fern.

Klosterkirche in Lehnin

Ich musste, wenn ich ihn besuchte, und das geschah ein paar Jahre lang wenigstens einmal den Monat, durch Babelsberg fahren und durch Michendorf. Die Straßen waren lang und grau, nichts weniger als ein Anlass zu ästhetischer Freude, doch wenn ich sie heute wieder betrete, ihre Namen lese und ihr verändertes Äußeres erkenne, erfasst mich tiefe Melancholie, geschuldet einer immer mehr sich entfernenden Erinnerung, die, wie alle Erinnerung, der Stoff ist, den wir Leben nennen.

Und kein Kindlein lacht ihm zu

Also Brandenburg.

Reden wir zunächst über den Namen. Er ist ziemlich alt, kommt bereits in einer Urkunde des 10. Jahrhunderts vor und benennt dort einen Bischofssitz. Man vermutet, die erste Worthälfte geht auf das slawische brenda zurück, was Morast bedeutet. Die Schreibung »Brennabor« ist eine polemische Erfindung des 17. Jahrhunderts.

Den Ortsnamen Brandenburg übernahm die von Albrecht dem Bären eroberte und verwaltete Mark; der Begriff Mark bezeichnet eine Grenzregion. Albrechts Sohn Otto nannte sich Markgraf von Brandenburg. Eine kurfürstliche Residenz war die Stadt früher als Berlin, noch Joachim I. aus dem Hause Hohenzollern bestimmte sie 1521 als Regierungssitz und setzte sie auch im Rang deutlich vor Berlin.

Danach sind die Größe und Bedeutung Berlins ständig gewachsen, während Brandenburg sich mit der Gerberei und der Lederverarbeitung begnügte. Der lokale Gewerbefleiß setzte sich fort in einem Stahlwerk, das inzwischen nicht mehr produziert. Sonst war die überregionale Prominenz der Stadt in jüngerer Zeit eher von der düsteren Art: Es gab eine psychiatrische Anstalt, die ab 1939 Euthanasie praktizierte, und gibt ein Zuchthaus, in dem gemeinsam die später verzankten Hitler-Gegner Erich Honecker und Robert Havemann einsaßen.

Dann sei noch die Rede von Fritze Bollmann. Dieser Barbier hat wirklich gelebt (1852–1901) und ist tatsächlich beim Angeln ins Wasser gefallen. Das Couplet über ihn mit seinen etwas brutalen Reimen ähnelt in der Dramaturgie Ludwig Thomas »Münchner im Himmel« und in der Melodie dem Volkslied »Kommt ein Vogel geflogen«.

Domkirche St. Peter und Paul

Rathaus

Fritze Bollmann wollte angeln,
doch die Angel fiel ihm rin,
Fritze wollt se' wieder langen,
doch da fiel er selber rin.

Schauplatz von Bollmanns Malheur war das Havelwasser vor der Dominsel. Dort, auf dem Eiland, wurde 1995 eine Bohrung niedergelassen. Man wollte erkunden, wie weit die Fundamente des hier stehenden Gotteshauses in die Tiefe reichten und worauf sie ruhten. Die Bohrung sollte auch feststellen, ob bei den noch anstehenden Arbeiten etwa archäologische Zeugnisse gefährdet seien.

Der Bohrkern zeigte Bauschutt in zwei Metern Tiefe, der den Restaurierungsarbeiten im 19. Jahrhundert zuzuordnen war. Darunter

Domanlage

Hochaltar im Dom

lagerten Kohle und Asche, als Spuren eines Ofens, dazu Fußboden-
reste zweier Häuser. In viereinhalb Metern Tiefe fanden sich Materialien, mit denen im 10. Jahrhundert ein Wassergraben aufgefüllt
worden war, um Baugrund zu schaffen. Bei sechseinhalb Metern
stieß man endlich auf von der Eiszeit angeschwemmten Sand. Eine
derartige Fundamenttiefe ist ungewöhnlich und bezeugt die Insta-
bilität des Grundes.

Frühere Bewohner der Gegend waren die Heveller, ein westslawischer Stamm. Auf die Insel setzten sie eine Burg, das Tempelhei-
ligtum für ihren Gott Triglaw auf den Harlunger Berg nahebei.

Die Christianisierung, die eine koloniale Eroberung war, begann
unter Heinrich I., dem ostfränkisch-deutschen König aus sächsi-
schem Haus. Sie hielt nicht lange vor. Man hat errechnet, dass in
den folgenden drei Jahrhunderten die Hoheit über das Territorium
der nachmaligen Mark Brandenburg dreizehnmal zwischen Wen-
den, Deutschen und Polen gewechselt hat. Die Dominsel war davon immer mit betroffen.

Langhaus des Doms

Mitte des 12. Jahrhunderts fand der letzte Hevellerfürst Przibislaw von sich aus zur Lehre des Gekreuzigten und nahm den Taufnahmen Heinrich an. Die christliche Religion war damit durchgesetzt. Auf Przibislaw-Heinrich gehen die Anfänge der Altstadt zurück. Wie bei hochmittelalterlichen Siedlungen häufig, gründete sich nebenan eine Neustadt. Üblicherweise fand deren baldige Eingemeindung statt, und eine neue längere Wehrmauer wurde errichtet. Im Falle Brandenburgs existierten die beiden Stadtgründungen gleichen Namens mehrere Jahrhunderte für sich, hatten jede einen eigenen Markt, eine eigene Stadtbefestigung und eigene Hauptkirchen. Erst relativ spät und unter beträchtlichen Schwierigkeiten sollten sie schließlich zusammenwachsen: auf den Befehl von Preußenkönig Friedrich Wilhelm I.

Auch die Dominsel, der älteste Siedlungsgrund, erhielt sich lange ihre Autonomie. Der letzte Hevellerfürst war kinderlos gestorben, und das Erbe fiel an Albrecht den Bären, der eine Zeit lang Besitzansprüche erhob, ehe er die Insel der Kirche überließ. Bis dahin hatte dort nur eine Kapelle gestanden. Es erschienen Mönche, Angehörige des Reformordens der Prämonstratenser, deren Name sich auf den flämischen Entstehungsort Prémontré bezog. Ihr Gründer, Norbert von Xanten, amtierte ab 1126 als Erzbischof in Magdeburg. Die Diözese Brandenburg unterstand ihm.

Der Bau des Domes begann, 1165 geschah die Fundamentweihe. Als Baumaterial diente Backstein, das in dieser Landschaft vorgegebene Material. Man baute steinsichtig, was bedeutet: Die Ziegel blieben nach außen hin unverblendet. Der Stil war spätromanisch, was sich in der Krypta erhalten hat. Die bunte Kapelle dort zeigt, wie mittelalterliche Sakralbauten in ihrem Inneren beschaffen waren, nämlich mit viel Malerei.

Der Umbau zu einer gotischen Kathedrale setzte um 1300 ein und würde anderthalb Jahrhunderte dauern, mit mancherlei Unterbrechung. Unterdessen wechselte die Landesherrschaft zu den Hohenzollern. Ihr erster märkischer Fürst, Friedrich I., vormals Burggraf in Nürnberg, setzte sich für den Fortgang der Dombauarbeiten nachdrücklich ein. Deren Ende fiel zusammen mit der Reformation, die auch das Ende des römisch-katholischen Bistums Brandenburg brachte. Fortan diente der Dom als evangelisches Gotteshaus.

Er zählt zu den bedeutenden Kathedralen im norddeutschen Raum. Im Unterschied zu anderen backsteingotischen Kirchen, in Lübeck, Wismar, Rostock oder Greifswald, wirkt er vergleichsweise niedrig. Dies wird reichlich aufgewogen durch eine Vielgliedrigkeit, die sich nicht unter ein alles beherrschendes Prinzip beugen muss. Es gibt verschiedene Kapellen und außen einen Kreuzgang. Um den Dom herum reihen sich Gebäude aus mehreren Jahrhunderten. Die gesamte Anlage ist von beeindruckender Anmut.

Domkrypta

Innen zeigt sich die Ausstattung in protestantischer Zurückhaltung. Es gibt mehrere eindrucksvolle Altäre, ein Sakramenthaus und einen gotischen Reliquienschrein. Das Dommuseum bewahrt ein riesiges Leinentuch, das einst, während der Fastenzeit, Chorraum und Altar verdeckte. Neunundzwanzig bildliche Darstellungen sind eingestickt. Sie erzählen vom Leben, Wirken und Sterben Jesu bis hin zum Jüngsten Gericht. Das Tuch gilt als Kostbarkeit und hängt in einem völlig abgedunkelten Raum unter Glas. Das Gewebe soll nicht angegriffen werden durch zu viel Licht, weshalb, wer es besehen will, sich einer bereitliegenden Taschenlampe bedienen muss. Er erkennt dann, dass die abgebildeten Pharisäer spitze Hüte tragen: im Mittelalter die für Juden vorgeschriebene Kopfbedeckung. Es sollte sie kenntlich machen. Es sollte sie absondern. Im Hochmittelalter begannen die massenhaften Judenverfolgungen durch das christliche Europa.

Zu späteren Zusatzbauten des Doms gehört die Ritterakademie. Im 18. Jahrhundert eingerichtet von den Hohenzollern, sollte sie, der Name deutet es an, die Söhne des preußischen Adels pädagogisch formen, eine Aufgabe, der sie bis ins 20. Jahrhundert nachkam. Bei ihren Zöglingen finden sich viele bekannte Adelsnamen: Bülow und Arnim, Alvensleben, Manteuffel und Hardenberg, Zitzewitz, Schulenburg und Tresckow.

Friedrich de la Motte Fouqué, um 1815

Einer der Dompröbste war Henry oder Heinrich de la Motte-Fouqué, Spross einer normannischen Adelsfamilie. Der hugenottische Freiherr, zunächst ein hoher Militär, besaß das Vertrauen von Preußenkönig Friedrich II., der ihm zu seinem Kirchenamt verhalf. Heinrichs Enkel mit Vornamen Friedrich erdachte die Märchenerzählung von der Wasserjungfau Undine.

»Es mögen nun wohl schon viele hundert Jahre her sein, da gab es einmal einen alten guten Fischer, der saß eines schönen Abends vor der Tür und flickte seine Netze. Er wohnte aber in einer überaus anmutigen Gegend. Der grüne Boden, worauf seine Hütte gebaut war, streckte sich weit in einen großen Landsee hinaus, und es schien ebensowohl, die Erdzunge habe sich aus Liebe zu der bläu-

lich klaren, wunderhellen Flut in diese hineingedrängt, als auch, das Wasser habe mit verliebten Armen nach der schönen Aue gegriffen, nach ihren hochschwankenden Gräsern und Blumen und nach dem erquicklichen Schatten ihrer Bäume.«

So hebt das an. Es liegt nahe, in der Beschreibung die Topografie von Brandenburg an der Havel zu sehen, wo Friedrich de la Motte Fouqué geboren wurde und wo er aufwuchs. Er war ein Autor der deutschen Romantik, befreundet mit den romantischen Schriftstellern Achim von Arnim und E. T. A. Hoffmann, letzterer betätigte sich auch als Musiker und Komponist, und für ihn übertrug Fouqué seinen Undinenstoff in ein Opernlibretto.

Als Romantiker auf dem Thron galt Preußenkönig Friedrich Wilhelm IV., der 1827, noch als Kronprinz, auf einer Zeichnung den Grundriss der Brandenburger Doms festhielt und, auf dem gleichen Blatt, seine Idee von der Neugestaltung skizzierte. Mit deren Umsetzung beauftragte er den Baumeister Karl Friedrich Schinkel. Der gilt rechtens als das Genie des preußischen Klassizismus, hatte aber

auch einen deutlichen Hang zur Backsteingotik, was er in manchen seiner Bauten auslebte, etwa dem Gebäude der Berliner Bauakademie. Den schlechten Zustand des Brandenburger Doms kannte er. Seine ersten Notizen und Äußerungen gehen auf das gleiche Jahr zurück, in dem der Kronprinz seine Zeichnung anfertigte.

»Man wird sich begnügen müssen, die (...) notwendigen Sicherungsarbeiten vorzunehmen, und dann dem Inneren durch eine neue Einrichtung mehr Anstand, Würde und Zweckmäßigkeit zu geben, wobei jedoch das viele interessante Altertümliche an Altären, Chorstühlen, Bildern, Wappen, Leichensteinen usw. auf eine angemessene Weise zu benutzen sein wird.«

So seine Maxime. Er hat sich daran gehalten. Die Arbeiten fanden in den Jahren 1836 bis 1838 statt, teilweise finanziert aus des Kronprinzen Privatschatulle. Schinkel hat nicht, wie andere Baumeister bei baugeschichtlichen Denkmälern, eine nachgereichte Ästhetisierung angestrebt, er hat die Substanz gesichert und den Geist des Bauwerks erhalten. Dass er störende Barockisierungen entfernen ließ, um eine größere stilistische Geschlossenheit zu erzielen, entspricht einer bis heute gängigen Praxis. Schinkels Restaurierung des Doms zu Brandenburg war ein frühes Beispiel für denkmalpflegerische Sorgfalt auf brandenburgischem Boden.

Im Kreuzgang des Doms befinden sich Grabplatten von sechs Bischöfen. Es war üblich, dass hohe Kleriker sich in ihren Gotteshäusern beisetzen ließen, mancherorts gilt das bis heute. Das jüngste Epitaph ist das am schlechtesten erhaltene. Der darauf Abgebildete hat kein Gesicht mehr, bloß zwei Augen, auch Hände und Gewandfalten wurden abgewetzt. Der Mann hieß Joachim und entstammte dem märkischen Adelsgeschlecht der Bredows, Bischof wurde er 1486, ein frommer und ziemlich konservativer Mann. Er hielt auf Ordnung und ließ einschlägige Statuten drucken. Zuletzt war er sehr krank. Eine Buchmalerei zeigt sein Gesicht, das eines alten verbitterten Menschen. Er starb 1507. Nicht lange danach würde die Reformation einsetzen und seinen Dom erfassen.

Fouqué lässt Undine singen:

Und wenn Abendlüfte fächeln,
Vater heim zum Herde kehrt,
Regt sich's fast in ihm wie Lächeln,
Dran doch gleich die Träne zehrt.

Vater weiß, in seinen Zimmern
Findet er die Todesruh,
Hört nur bleicher Mutter Wimmern,
Und kein Kindlein lacht ihm zu.

Grabplatte Joachim von Bredows

In Gewittern brach die Erde

Die Westprignitz war einst ein eigener Landkreis der Mark Brandenburg. Nördlich beginnt Mecklenburg-Vorpommern und im Süden Sachsen-Anhalt, zwei Regionen, die sich nicht durch unbedingte wirtschaftliche Prosperität auszeichnen, ein Schicksal, das die Westprignitz mit ihnen teilt. Deren größter Vorzug ist ihre unmittelbare Nachbarschaft zur Elbe, die, hier schon ein sehr breiter Strom, eingehegt wird von Deichen, hinter denen eine weite, etwas melancholische Landschaft beginnt mit einem riesigen Himmel darüber.

Geburtshaus Gottfried Benns

Die größte Stadt der Region heißt Wittenberge. Einst war sie Standort einer Nähmaschinenfabrik, die dem vom US-amerikanischen Erfinder und Unternehmer Isaac Merritt Singer gegründeten Konzern zugehörte. In der DDR verstaatlicht, trug sie den Namen Veritas. Ihre Produkte wurden von schneidernden Hausfrauen sehr geschätzt. Das Wiedervereinigungsjahr 1990 machte der Fabrik den Garaus, »aus Furcht vor der nun folgenden Konkurrenz«, wie es in einer offiziellen Darstellung heißt.

Noch zwei andere Betriebe der Stadt schlossen zu jener Zeit. Insgesamt verloren achttausend Wittenberger ihre Arbeit. In einem Gemeinwesen, das damals vierzigtausend Einwohner zählte, traf solches Schicksal mehr als die Hälfte aller Berufstätigen. Die Einwohnerzahl schrumpfte auf die Hälfte, viele verdienen ihr Geld heute anderswo, etwa im jenseits der Elbe gelegenen Niedersachsen. Die größte Bewegung in Wittenberges Straßen setzt am Wochenende ein, wenn die Pendler zurückkehren, im eigenen Wagen oder mit der Eisenbahn. »Gespenstisch dröhnt die Stille aus den leeren Wohnungen und Geschäften«, beschreibt es ein Stadtporträt, »mit der provinziellen Behaglichkeit anderer verschlafener Kleinstädte hat sie wenig zu tun.«

Marktplatz von Perleberg

Was sonst ist bemerkenswert an der Westprignitz?

Die einst brandenburgische Stadt Havelberg mit ihrem eindrucksvollen Dom gehört nach einer Gebietsreform zu Sachsen-Anhalt. Dann gibt es noch das zehntausend Seelen zählende Kyritz, auf dessen Marktplatz ein 1995 aufgestellter Gedenkstein verkündet, zu einem bestimmten Tag im Februar 1842 sei hier nichts geschehen. NICHTS. Die eingemeißelte Inschrift hebt es in großen Versalien hervor.

Perleberg, zweitgrößte Stadt der Region, ist jetzt Verwaltungszentrum für den gesamten Landkreis Prignitz. Einst war sie eine der reichsten Städte in der Mark, aber das ist lange her. Perleberg besitzt ein backsteingotisches Rathaus und das Standbild eines Rolands, Ausweis für Markt- und Gerichtsfreiheit im Mittelalter. Die kulinarische Spezialität heißt Knieperkohl, ein gesäuertes Gemüse aus mehreren Krautsorten, eigentlich ein Arme-Leute-Essen.

Eine andere Westprignitz-Stadt von einiger Prominenz ist Putlitz. Hier saß jahrhundertelang eine Adelssippe mit dem hübschen Namen Gans. Aus der benachbarten Altmark gelangte sie in die Prignitz mit dem sogenannten Wendenkreuzzug, das war die Eroberung und Germanisierung Ostelbiens im Hochmittelalter. Ein paar Mitglieder der Familie haben es zu überregionaler Bekanntheit gebracht: ein gefürchteter Schlagetot namens Kaspar, der um 1500 lebte, und Wolfgang, ein Diplomat und aktiver Gegner Adolf Hitlers.

Bergfried von Burg Putlitz

Ein Ortsteil von Putlitz ist Mansfeld, früher ein eigenständiges Dorf. Hier wurde am 2. Mai 1886 dem evangelischen Gemeindepfarrer Gustav Benn und seiner Ehefrau Caroline, geborene Jequier, als zweites Kind ein Sohn geboren, mit dem Vornamen Gottfried. Die Mutter soll es bis zu ihrem Tod im Jahre 1912 niemals zu einer ordentlichen Beherrschung der deutschen Sprache gebracht haben. Dafür passt ihre francoschweizer Herkunft gut in die märkische Tradition der Aufnahme französisch sprechender Protestanten.

Der bedeutende Dichter Gottfried Benn also ein Prignitzer? Dies ist vergleichsweise wenig bekannt. Dass er aus Brandenburg

Auf dem Gedenkstein: *Dieser Stein erinnert an den 14.02.1842 Hier geschah um 10.57 Uhr NICHTS*

kommt, ist es schon eher; sein Vater hat sich, bald nach Gottfrieds Geburt, verändern können und wurde Gemeindepfarrer im neu-märkischen Sellin. Hier waren die Einkünfte besser, doch da der Familie ständig neue Kinder geboren wurden, lebte man ärmlich bis zuletzt.

Die Neumark gehört heute zu Polen. Die Landschaft rund um Sellin ist jener der Westprignitz nicht unähnlich. »Ein Dorf mit 700 Einwohnern in der norddeutschen Ebene«, hat Gottfried Benn notiert, »großes Pfarrhaus, großer Garten, drei Stunden östlich der Oder. Das ist auch heute noch meine Heimat, obgleich ich niemanden mehr dort kenne, Kindheitserde, unendlich geliebtes Land. Dort wuchs ich mit den Dorfjungen auf, sprach platt, lief bis zum November barfuß, lernte in der Dorfschule, wurde mit den Arbeiterkindern zusammen eingesegnet, fuhr auf den Erntewagen in die Felder, auf die Wiesen zum Heuen, hütete die Kühe, pflückte auf den Bäumen die Kirschen und Nüsse, klopfte Flöten aus Weidenruten im Frühjahr, nahm Nester aus.«

31

Er besuchte das Gymnasium in Frankfurt an der Oder. Danach begann er zu studieren, Theologie zunächst, dem Vater zuliebe, später Medizin. Auch seine erste Arbeitsstelle fand er in Bandenburg: als Unterarzt beim Infanterie-Regiment 64 im uckermärkischen Prenzlau. Die hatte er inne bis 1912. Im gleichen Jahr erschien sein erster Lyrikband, »Morgue und andere Gedichte«.

Morgue ist im Angelsächsischen die Bezeichnung für ein Leichenschauhaus. Literarisch Gebildete erinnert sie außerdem an eine berühmte Detektivgeschichte von Edgar Allan Poe, in der es um einen Doppelmord geht. Morgue als Gedichts-Gegenstand? Im ersten Stück des Bandes beschreibt Benn, sachlich und kühl, wie er in der Anatomie eine Wasserleiche seziert. Am Ende, vor dem Zunähen, wird dem Kadaver eine zufällig mitgelieferte Blume in den Brustkorb getan: »Trinke dich satt in deiner Vase / Ruhe sanft / Kleine Aster!«

Andere Verse schildern andere medizinische Eingriffe, sie handeln von Krebsbaracken und Armenspitälern. Ein Gedicht beginnt mit der berühmt gewordenen Zeile: »Die Krone der Schöpfung, das Schwein, der Mensch«. Es war das erste Mal in der Belletristik, der deutschsprachigen jedenfalls, dass die schwärzesten Aspekte der menschlichen Existenz poetisch ausgestellt wurden. Man hat von Ästhetisierung des Pathologischen und der Hässlichkeit gesprochen.

Nun war Gottfried Benn nicht der erste und nicht der letzte Mediziner, der sich belletristisch äußerte. Ähnlich extrem wie in »Morgue« geht es bei schreibenden Ärzten freilich selten zu, die berufliche Vorbildung allein vermag Benns Radikalität nicht zu erklären. Er war, auch im absichtsvollen Gegensatz zu seinem pastoralen Vater, ein Nihilist. Der gehorsame Leser des Philosophen Friedrich Nietzsche gerierte sich gern als kalter Zyniker.

Dies ist die eine Seite seiner Persönlichkeit und seiner Dichtungen. Es gibt noch einen anderen Aspekt, der, je älter Benn wurde, immer deutlich hervortrat: eine Art von versteckter Wärme, von verhohlener Empathie, von gebrochener Zärtlichkeit. Damit dies nicht etwa plump und peinlich geriet, hat er allerlei kunstvolle Verfremdungen aufgeboten: mythologische Anspielungen, seltene Fremdwörter, naturwissenschaftliche Begriffe, gern auch tragische Gebärden. Dieser Tonfall hat ihn endgültig berühmt gemacht. Gottfried Benn ist einer der ganz großen Lyriker deutscher Sprache im 20. Jahrhundert.

Äußerlich lebte er eine eher unauffällige, in manchem hochproblematische Existenz. Er war ein homme à femmes, mit mehreren Ehen und zahlreichen Geliebten, die er sich nebeneinander hielt, ohne dass die eine von der anderen wusste; jede von ihnen bestärkte er vielmehr in dem Glauben, ausschließlich ihr zugetan zu sein. Man mag dies als seine private Eigenart nehmen, wiewohl sich ein gewisser Zynismus des Verhaltens kaum abweisen lässt.

Rathaus und Jacobikirche in Perleberg

Stepenitz in Perleberg

Die gleiche Neigung ist wohl auch ursächlich für Benns politischen Sündenfall im Jahre 1933. Inzwischen ein angesehener Schriftsteller, bezeugte er, der eben noch eine Lobrede auf den linksliberalen Heinrich Mann gehalten hatte, seine Ergebenheit gegenüber Hitlers Nationalsozialismus. Es war nicht so, dass er die Ungeheuerlichkeiten des neuen Regimes, von dem er freilich noch nicht alles wusste, etwa ignoriert hätte, vielmehr war es eben das, was ihn beeindruckte. »Große, innerlich geführte Jugend, der Gedanke, der notwendige Gedanke, die überirdischste Macht der Welt, mächtiger als das Eisen, mächtiger als das Licht, gibt dir recht: die Intelligenz, die dir schmähend nachsieht, war am Ende; was sollte sie dir denn vererben; sie lebte ja nur noch von Bruchstücken und Erbrechen über sich selbst.«

Die Sache hielt nicht lange, keine zwei Jahre. Nach dem sogenannten Röhm-Putsch, in dem Hitler viele seiner alten Mitstreiter ermorden ließ, brach Gottfried Benn innerlich mit dem braunen Regime. Zum offenen Zerwürfnis kam es ein Jahr später, als Benn von wichtigen Zeitungen des Regimes wüst attackiert wurde. Die zeitweilige Verbindung zwischen dem Dichter und den Nazis war zu großen Teilen ein Missverständnis gewesen.

Er arbeitete weiter als Arzt. Einige Jahre ordinierte er in Hannover, später, nach dem Kriegsende, in Berlin. 1948 erschien erstmals nach dreizehn Jahren wieder ein neues Buch von ihm; seinen politischen Irrtum und dessen Umstände hat er nicht verschwiegen, vielmehr eingestanden und ausführlich dokumentiert.

Er erhielt Preise und öffentliche Ehrungen. Er las im Rundfunk und vor Publikum, seine Lyrik wurde vorbildlich für jüngere Autoren wie Hans Magnus Enzensberger und Peter Rühmkorf. In jenen Jahren hätte er, erstmals in seiner Karriere, von seinen Honorareinkünften problemlos leben können, doch er unterhielt weiter seine Arztpraxis für Haut- und Geschlechtskrankheiten im Westberliner Stadtteil Schöneberg. Einmal die Woche setzte er sich in den dortigen Ratskeller zum Skatspiel. 1956 ist er gestorben.

Er hat viel länger in Städten gelebt als in ländlichen Regionen. Die Großstadtlyrik, die es reichlich von ihm gibt, ist überwiegend böse und zynisch; wer will, mag darin die heimliche Sehnsucht nach einem bukolischen Dasein erkennen. Dies, das Bukolische, suchte er gerne dort, wo der Begriff aufkam: in mediterranen Landschaften. Die Verse, die er darüber verfasste, sind behängt mit humanistischem Bildungsgut. Bei der Wiedergabe seiner elementarsten Sehnsüchte nennt er Pflanzen, Blumen, Bäume, denen er schon als Kind begegnet war. Man erkennt märkische Natur, die der Neumark wie die der Prignitz.

Bach bei Mansfeld

Lebe wohl den frühen Tagen,
die mit Sommer, stillem Land
angefüllt und glücklich lagen
in des Kindes Träumerhand.
Lebe wohl, du großes Werde,
über Feldern, See und Haus,
in Gewittern brach die Erde
zu gerechtem Walten aus.

Schere und Elle

Wars denn ein todeswürdiges Verbrechen,
Zwei Augenblicke früher, als befohlen,
Die schwedsche Macht in Staub gelegt zu haben?
Und welch ein Frevel sonst drückt meine Brust?

Mit solchen Worten stöhnt, angesichts einer bevorstehenden Kriegsgerichtsverhandlung, die ihn zum Tode verurteilen wird, der Held in Heinrich von Kleists Drama »Prinz Friedrich von Homburg«. Das Vergehen, dessen man ihn bezichtigt, besteht darin, den Befehl des kommandierenden Kurfürsten missachtet zu haben. Die Schlacht, um die es ging, fand nahe Fehrbellin in der Ostprignitz statt.

Friedrich II. von Hessen-Homburg

Der Prinz bei Kleist ist ein feuriger Jüngling, der, auch aus Liebe zur Nichte des Kurfürsten, einen Anfall von fieberiger Ruhmsucht erleidet. Mit dem historischen Homburg hat er wenig gemein. Der war zum Zeitpunkt der Schlacht von Fehrbellin ein gesetzter Mann von dreiundvierzig Jahren und ziemlich beleibt, er bewegte sich auf einer hölzernen Beinprothese, war in zweiter Ehe verheiratet und Vater von vier Kindern. Seine damalige Frau, die tatsächlich eine Nichte des Großen Kurfürsten war, hieß nicht wie bei Kleist Nathalie von Oranien, sondern Luise Elisabeth von Kurland. Auch seine Rolle bei der Schlacht war nicht so maßgeblich wie bei Kleist behauptet.

Fehrbellin ist eine Sechzehntausend-Seelen-Gemeinde südlich von Neuruppin. Der Ortsname leitet sich her von einem Hügelgelände, dem Bellin, und einem Fährbetrieb, der früher die Ufer des Rhin verband, eines Nebenflusses der Havel, der hier ein Luch, eine sumpfige Niederung, bildet. Inzwischen existiert statt der Fähre ein Damm.

Siegessäule auf dem Hakenberg

»Vom Rhein zum Rhin« hieß die Losung, unter der Brandenburgs Kurfürst Friedrich Wilhelm im Sommer 1675 jene militärische Auseinandersetzung suchte, die er mit der Schlacht von Fehrbellin abschließend entschied.

Am Rhein hatte er sich samt seinem Heer aufgehalten, da er sich an einem Krieg gegen das Frankreich des Sonnenkönigs Louis XIV beteiligte. Die Schweden, seit dem Ende des Dreißigjährigen Krieges die Herren Vorpommerns, nutzten die Gelegenheit, unter dem Kommando des Carl Gustav Wrangel in die Mark einzufallen. Der Kurfürst holte seine Truppen eilig zurück, überwältigte die Schweden bei Rathenow, besiegte sie bei Nauen und schlug sie endgültig bei Fehrbellin. Die militärische Bedrohung Brandenburgs durch Schweden nahm damit ihr Ende. Für das Selbstwertgefühl des Kurfürstentums war der Erfolg bedeutsam.

Hierfür gibt es, neben Kleists Drama, noch weitere Zeugnisse. Bereits 1675 entstand ein patriotisches »Lied von der glücklichen Victorie«: »Bis dass zuletzt der große Held / Sich plötzlich eingefunden, / Und seinen Namen in der Welt, / Noch höher aufgebunden.« Der Heldenname wird nicht genannt. Um Friedrich von Homburg handelt es sich kaum.

Denkmal für Kurfürst Friedrich Wilhelm im Kurfürstenpark

Daneben gibt es noch den Fehrbelliner Reitermarsch, der bis heute gern gespielt wird, unter anderem vom Musikkorps der Bundeswehr. Auf dem Fehrbelliner Hakenberg, wo sich 1675 das brandenburgische Oberkommando aufhielt, steht seit 1879 ein Denkmal in Gestalt eines Turms, mit einer Figur der römischen Siegesgöttin Victoria auf der Spitze und einer Büste des Großen Kurfürsten im Sockel.

Der Monarch ist noch andernorts anzutreffen: als Ganzkörperstatue, aufgestellt in Fehrbellins Kurfürstenpark. Gestiftet hat sie Kaiser Wilhelm II., und geschaffen wurde sie von Fritz Schaper, von dem sich noch drei Dutzend weitere Standbilder finden zwischen Erfurt und Aachen.

Die territoriale Ausdehnung Fehrbellins ist erheblich. Die Gegend ist reich an Seen unterschiedlicher Größe und rühmt sich, man könne hier stundenlang wandern, ohne einen Menschen zu treffen. In

erreichbarer Nähe liegt Neustadt an der Dosse, bekannt für seine vier Hengstparaden im Herbst. Damit nähern wir uns wieder der Schlacht bei Fehrbellin, die ein Reitergeneral gewann.

Blick auf das einstige Schlacht-feld von Fehrbellin

Denn der eigentliche Stratege jenes Sieges war weder Kurfürst Friedrich Wilhelm noch Friedrich von Homburg, es war der alte Derfflinger. Bei Kleist tritt er als Nebenfigur auf, in der etwas irritierenden Schreibweise Dörfling. Wie der historische Homburg tat Derfflinger Offiziersdienste in unterschiedlichen Heeren.

Seine Biografie ist abenteuerlich. Sie zeigt, wie man es in jenen Jahren aus einfachsten Verhältnissen zu Macht und Wohlstand bringen konnte. Sie zeigt, wie vorgegeben, wie selbstverständlich Kriege damals waren und der Beruf des Soldaten als höchste und edelste Form der Männlichkeit galt.

Theodor Fontane hat Derfflinger einen langen Abschnitt seiner »Wanderungen« eingeräumt:

»Derfflinger war rüstig und stark, und die Natur schien ihn zum Krieger gebildet zu haben. Unter einer breiten Stirn eine römische

39

Georg von Derfflinger

Nase; dazu volles krauses Haar und starke Augenbrauen, aber nur wenig Bart über der Oberlippe und etwas verstutztes Haar am Kinn. Soviel über seine äußere Erscheinung. Was seinen Charakter angeht, so leuchtet sein großer Mut hervor, oder, wie sein ältester Biograph im Stile seiner Zeit sich ausdrückt: ›Der Mut war sein Vater und die Schlacht seine Mutter …‹ Es war ihm ein Stolz, sich aus allerniedrigster Lebenssphäre zur höchsten emporgearbeitet zu haben …«

Der Dichter fügt hinzu: »Ohne Menschenfurcht war er in seiner Rede voller Freimut. Es scheint aber doch, als ob er nicht nur freimütig, sondern auch in hohem Grade erregbar gewesen sei. Wir finden ihn immer unzufrieden, immer verletzt …«

Die überkommenen Porträts zeigen einen feisten Kerl mit schulterlangem Haar und finsterer Miene.

Die bei Fontane erwähnten allerniedrigsten Lebensumstände waren jene der Geburt. Georg von Derfflinger stammte nicht aus Brandenburg und nicht aus Deutschland, er wurde in Oberösterreich geboren, in Neuhofen an der Krems. Seine Eltern waren Protestanten. Als der Dreißigjährige Krieg ausbrach, emigrierten sie ins evangelische Böhmen. Vermögen hatten sie keines. Der junge Georg musste einen Brotberuf erlernen und arbeitete als Schneider, freilich nicht sehr lange: »Der Held steckte drin«, so Fontane, »und wollte heraus. Dazu waren denn die damaligen Tage die besten Tage. Alles stand in Krieg, und Böhmen war sein eigentlichster Schauplatz.«

Derfflinger heuerte als gemeiner Soldat an, im Heerhaufen des Grafen von Thun, einem von vielen Warlords jenes Kriegs. Die Einheit richtete allerlei Unheil an und wurde bald aufgerieben. Derfflinger wich nach Ostpreußen aus und trat in den Dienst des Schwedenkönigs. Unter dem Kommando Gustav Adolfs II. brachte er es vom Trossbuben bis zum Reiter-Obristen im Generalsrang. Da war er kaum dreißig.

Zwischendurch kämpfte er in anderen Heeren. Wie auch später noch, war es damals üblich, dass Militärs sich dort verdingten, wo man ihrer bedurfte und sie dafür bezahlte. Derfflinger erlebte Siege und Niederlagen.

1654 kam er nach Brandenburg. Obschon er nie eine Schule besucht hatte, war er gebildet. Einem Kumpan schrieb er ins Stammbuch: »Wind und Regen / Ist mir oft entgegen, / Ducke mich, lass es vorübergan, / Das Wedder will seinen Willen han.«

Kurfürst Friedrich Wilhelm, dessen Herrschaftsgebiet nach Ende des Dreißigjährigen Krieges vornehmlich aus bettelarmen Wüsteneien bestand, bedachte Derfflinger mit allerlei Aufgaben. Der General kümmerte sich um die Kavallerie und die Artillerie und fand als Diplomat Verwendung. 1674 wurde er, der Protestant, durch den erzkatholischen Kaiser Leopold in Wien zum Reichsfreiherrn erhoben. Sein militärischer Rang war zu dieser Zeit der eines Generalfeldmarschalls.

Kurfürst Friedrich Wilhelm, 1647

1674 zog er mit seinem Kurfürsten in den Krieg gegen die Franzosen, kehrte 1675 gemeinsam mit ihm zurück in die Mark und besiegte seine ehemaligen Arbeitgeber, die Schweden. Über die Schlacht bei Fehrbellin gibt es eine Schilderung des Kammerjunkers Dietrich Sigismund von Buch:

»Anderen Tages (…) brachen wir von dem Städtchen Cremmen her auf. (…) Derfflinger war der Meinung, alle Brücken und Dämme zu zerstören, dadurch dem Feinde jeden Succurs, aber zugleich auch jeden Rückzug abzuschneiden und ihn auf diese Weise zu zwingen, in spätestens zwei Tagen um sein Leben zu bitten. Das war ein guter Plan; aber Seine Kurfürstliche Durchlaucht meinte, da man so nah am Feinde sei, müsse derselbe Fell oder Federn lassen, worauf der Feldmarschall Derfflinger antwortete: ›Wohlan Monseigneur, ich glaubte als General verbunden zu sein, meine Meinung zu sagen, welcher Art ich es für am vorteilhaftesten und sichersten hielte; aber wenn es Eure Hoheit gefällt, die andre Meinung zu wählen, so hält mich dies nicht ab, dem Feinde allen Schaden zu tun, wenn dies auch mit mehr Gefahr und größerem Wagnis verbunden ist.‹ Der Feind (…) stand jetzt bei dem Dorfe Hakenberg, zwischen Linum und Fehrbellin. Er sperrte den über das

Plateau führenden Weg und hatte das Luch zur linken, ein Gehölz zur rechten Hand. In Nähe dieses Gehölzes befand sich ein kleiner Sumpf, daneben ein paar Sandhügel, auf deren Höhe Strauchwerk wuchs. An dieser Stelle drangen wir vor, postierten auf die Höhe der Sandhügel unsre Geschütze und gaben ihnen, da wir keine Infanterie zur Hand hatten, das Regiment Derfflinger-Dragoner zur Bedeckung. (...) Bei jedem Geschütze standen 50 bis 100 Mann, einigermaßen durch die Büsche geschützt. Gleichzeitig stellten wir noch vier Schwadronen auf, (...) und nachdem der Kampf eine Weile hin und her geschwankt hatte, wurde der Feind in Stücke gehauen. Nicht zwanzig Mann entkamen; sechzig oder siebzig wurden gefangen genommen, der Rest war getötet.«

Es war eher ein großes Scharmützel als eine große Schlacht.

Derfflinger verfolgte die geschlagenen Schweden bis nach Pommern. Der Feldzug erwies sich als langwierig, die dabei gemachten Eroberungen waren nicht von Dauer. Die Popularität des nunmehr siebzigjährigen Haudegens aus Oberösterreich stieg und stieg; er würde noch im Alter von neunundsiebzig an einem Feldzug teilnehmen.

Die Zeitgenossen sangen ihm ein Loblied: »Die Stettiner hatten sich unterfangen / Eine Schere ausgehangen / Dem Feldmarschall nur zum Hohn. / Wart, ich will euch auf der Stelle / Nehmen Maß mit meiner Elle, / Kreuzmillionenschocksschwernot.« Schere und Elle waren höhnische Anspielungen auf Derfflingers erlernten Beruf.

Wofür aber solche Anstrengung? Ging es ausschließlich um Ehre und Ruhm, um soldatischen Rang und Adelsprädikat?

Georg von Derfflinger versah auch das Amt eines Statthalters für Hinterpommern. Seine Einkünfte als Feldmarschall waren für jene Zeit (wozu man die schreckliche Armut in Brandenburg bedenken muss) über die Maßen hoch. So konnte er Ländereien erwerben, anderes wuchs ihm durch die Mitgift seiner beiden Ehefrauen Margarete Tugendreich von Schapelow und Barbara Rosina von Beeren zu. Zuletzt besaß er sechs märkische und vierzehn ostpreußische Güter, dazu zwei Häuser, eines in Königsberg und eines in Berlin.

Schlacht von Fehrbellin, Zeichnung von 1863

Seine brandenburgischen Latifundien waren Gusow, Platkow, Wulkow bei Trebnitz, Hermsdorf, Klessin und Schildberg.

Schloss Gusow, am Rande des Oderbruchs gelegen und von der ersten Frau Derfflinger eingebracht, wurde sein Vorzugsaufenthalt. Hier ist er 1684 gestorben. Hier wurde er beigesetzt. »Alles in Gusow«, schreibt Fontane, »oder doch alles Beste was es hat, erinnert an den alten Derfflinger: Schloss, Park, Kirche. Das Schloss, architektonisch weder schön noch eigentümlich, besteht aus einem Corps de Logis und zwei langen, rechtwinkelig vorspringenden Flügeln, die nun einen Schlosshof bilden.«

Das Schloss steht noch. Es kann besucht werden. Man kann darin speisen, man kann darin heiraten. Und auch das Soldatische ist präsent: in Gestalt einer riesigen Zinnsoldatensammlung.

Denkmalschutz

Unmöglich, von der Mark Brandenburg zu reden, ohne den Namen Theodor Fontane zu nennen. Dabei hat der Schriftsteller einen Großteil seines Lebens in Berlin verbracht, auch seine großen Romane spielen bevorzugt dort, er hat viel im Ausland gelebt und ausführlich darüber geschrieben, in Reisebüchern und Balladen. Sein Ruhm als märkischer Literat beschränkt sich außer auf den einen und anderen Erzähltext und dem Handlungsgedicht über einen birnenpflückenden Junker im havelländischen Ribbeck auf jene Sammlung von Feuilletons, die, ursprünglich für die Zeitung verfasst, unter dem Titel »Wanderungen durch die Mark Brandenburg« dann in Buchform erschienen.

Der Nachruhm Fontanes ist übrigens neueren Datums. Als im Sommer 2007 das Manuskript der Ballade vom Herrn Ribbeck auf Ribbeck versteigert wurde und den fürstlichen Preis von 130.000 Euro erzielte, bestand Anlass, daran zu erinnern.

Noch bis ins 20. Jahrhundert hinein galt er vielen bloß als Unterhaltungsschriftsteller vom Zuschnitt eines Willibald Alexis oder Heinrich Seidel. Thomas Manns rühmendes Bekenntnis aus dem Jahr 1910 – »immer freier, immer weiser reifte diese seltene und liebenswürdige Natur« – war eine Ausnahme. Die deutsche Hochschulgermanistik hat ihn lange ignoriert, die erste Fontane-Gesamtausgabe war ein mühseliges Unterfangen. Das 2007 unter enormer Anteilnahme versteigerte Balladen-Manuskript hatte noch bei einer Auktion im Herbst 1933 überhaupt keinen Interessenten gefunden. Das von den Erben unterhaltene Archiv erhielt keinerlei öffentliche Zuwendung. Als es die Preußische Staatsbibliothek übernahm, lautete die amtliche Schätzung auf 100.000 Reichsmark, doch gezahlt wurden gerade 8.000, gestückelt in Monatsraten zu 70.

Statue König Friedrich Wilhelms II. auf dem Marktplatz

Fontane-Denkmal

45

Lange vorbei. Nicht nur für Berlin und die Mark Brandenburg wurde Theodor Fontane zum Volksschriftsteller, nach seinen Romanen entstanden immer wieder Spielfilme, und eines der Erzählbücher von Günter Grass, »Ein weites Feld«, zitiert im Titel einen Fontane-Satz und hat einen Fontane-Wiedergänger zum Helden.

Da darf es nicht erstaunen, wenn Neuruppin nicht nur über eine Fontane-Straße und eine Fontane-Therme verfügt, sondern die gesamte Stadt sich, nach dem Muster von Lutherstadt Wittenberg, mit dem Beinamen Fontanestadt schmückt. Der Dichter wurde hier geboren. Von den 81 Jahren seines Lebens hat er nur sieben hier verbracht. Wenigstens hat er das städtische Gymnasium besucht, das inzwischen natürlich auch nach Fontane heißt.

»Ruppin hat eine schöne Lage – See, Gärten und der sogenannte ›Wall‹ schließen es ein. Nach dem großen Feuer, das nur zwei

Fontanes Geburtshaus

Stückchen am Ost- und Westrande übrigließ (als wären von einem runden Brote die beiden Kanten übriggeblieben), wurde die Stadt in einer Art Residenzstil wieder aufgebaut. Lange, breite Straßen durchschneiden sie, nur unterbrochen durch stattliche Plätze, auf deren Areal unsere Vorvordern selbst wieder kleine Städte gebaut haben würden. Für eine reiche Residenz voll hoher Häuser und Paläste, voll Leben und Verkehr mag solche raumverschwendende Anlage die empfehlenswerteste sein, für eine kleine Provinzialstadt aber ist sie bedenklich. Sie gleicht einem auf Auswuchs gemachten großen Staatsrock, in den sich der Betreffende, weil er von Natur klein ist, nie hineinwachsen kann. Dadurch entsteht eine Öde und Leere, die zuletzt den Eindruck der Langenweile macht.«

So der Dichter über seinen Geburtsort, im ersten Band der »Wanderungen«. Zu erkennen ist, dass er keine Lobhudelei anstellt, es ging ihm um Wahrhaftigkeit, und bei aller denkmalpflegerischen Sorgfalt, die nach 1990 dem städtebaulichen Klassizismus Neuruppins zufiel, der Eindruck einer gewissen Leere hat sich erhalten.

Der andere kulturhistorische Ruhm der Stadt am See geht auf eine Familie namens Kühn zurück. Sie produzierte Bilderbögen. Das waren, im 18. und 19. Jahrhundert, auf billiges Papier gedruckte, bunt bebilderte Texte, wobei die Kolorierung lange Zeit von Hand geschah. Die Sache sollte der Unterhaltung und Belehrung dienen und wurde ungemein populär; man kann in ihr eine Vorform der illustrierten Zeitschriften sehen. Bilderbögen gab es in ganz Europa. Allein in Deutschland existierten einmal um die sechzig einschlägige Druckereien. Für die Münchner Bilderbögen hat Wilhelm Busch gezeichnet und dabei die Dramaturgie seiner Bildgeschichten entwickelt.

Die Produkte der Kühns aus Neuruppin galten als besonders originell. Gustav Kühn, Sohn des Gründers und selbst ein begabter Zeichner, brachte die Lithografietechnik zum Einsatz. Die Auflagen waren unterschiedlich und konnten die zwei Millionen erreichen. Fontane sprach von einem dünnen Faden, durch den das eigene Land mit der Welt zusammenhänge, die Leistung, fand er, sei noch bedeut-

Ferdinand von Quast

samer als die der Londoner »Times«. Der letzte der Bilderbögen aus Neuruppin, mit der laufenden Nummer 10.545, erschien in den 1930er Jahren. Heute unterhält die Stadt für sie ein Museum.

Fontane hieß mit seinem ersten Vornamen Henri. Seine Vorfahren kamen aus Frankreich; Neuruppin war ein bevorzugter Aufenthalt für französische Protestanten, die das Toleranzedikt von Potsdam aus dem Jahre 1685 nach Brandenburg gelockt hatte. Fontanes Vater war Apotheker, den gleichen Beruf erlernte der Sohn. Das Neuruppiner Geschäft der Familie trägt natürlich den Namen Fontane und steht am Fontane-Platz.

Im Zusammenhang mit seiner Geburtsstadt erwähnt der Dichter eine Garnison. Militärischer Standort war Neuruppin seit dem Jahr 1713, und einer der Kommandanten war als Kronprinz Fridericus Rex. Es gibt mehrere Kasernenbauten, in denen bis 1993 Einheiten der Sowjetischen Armee saßen.

Militärisches auch sonst. Im Westen der Stadt beginnt die Ruppiner Heide, lange ein Truppenübungsplatz und Bombenabwurfgelände; nach beharrlichen Bürgerprotesten und allerlei Gerichtsverfahren wurde im Sommer 2009 durchgesetzt, dass sie ein Naturpark sein kann.

Bis 2004 gab es in der Stadt eine kriminelle Vereinigung, beschäftigt mit Rauschgifthandel, Glücksspiel und Prostitution. Ihr Anführer saß im Stadtparlament. Ihr Name war XY-Bande, da beide Buchstaben bei den Auto-Zulassungsschildern aller Bandenmitglieder vorkamen. Die Stadt erhielt daraufhin die hübschen Spitznamen märkisches Palermo und Korruppin.

1993 wurde im Zusammenhang einer Eingemeindungsaktion das Dorf Radensleben Ortsteil von Neuruppin. Radensleben liegt östlich vom Ruppiner See. Es war der Geburts- und Wohnort des Grundbesitzers Alexander Ferdinand von Quast.

Sein Name ist nicht sehr geläufig. Er ist es viel weniger als der Fontanes, wiewohl in Berlin eine nach ihm benannte Auszeichnung vergeben wird. Er war ein höchst verdienstvoller Mann, dessen Ideen und Bemühungen unmittelbar nachwirken bis in unsere Gegenwart. Die in Berlin verliehene Medaille ist eine Auszeichnung für Denkmalpflege. Quast wurde 1807 geboren und wuchs auf im Radenslebener Herrenhaus. Das Gut gehörte den Quasts seit mehreren Generationen. Der junge Ferdinand besuchte das Neuruppiner Gymnasium, ging dann nach Berlin und schrieb sich an der Universität ein. Er besuchte nebenher die Kunstakademie und wechselte schließlich zu einem Architekturstudium an die Allgemeine Bauschule, die später Bauakademie hieß.

Er wurde Mitarbeiter von Karl Friedrich Schinkel und unternahm mehrere Auslandsreisen, so nach Italien, von wo er zahlreiche Kunstwerke mit heimbrachte. Fontane hat Quasts Kunstsammlung aufgelistet. Es handelt sich um insgesamt neunundsechzig Objekte, darunter Arbeiten von Filippo Lippi, Luca della Robbia, Carl Blechen und Schinkel.

Gebäude der Bilderbogen-Fabrik

Quast verfasste 1837 eine Schrift, in der es ihm um die Einrichtung einer preußischen Behörde für Denkmalpflege ging. Ein kleines Ressort existierte bereits, seit zwei Jahren, im preußischen Unterrichtsministerium. Quast warb für eine größere, eine autonome Behörde, daneben sollten mit der Angelegenheit befasste Provinzialgesellschaften entstehen, und alles sollte ein Staatskonservator überwachen.

Das Interesse für überkommene Baukunst in Deutschland kam mit der Romantik auf. Ein frühes Dokument ist der Bericht der zwei Erlanger Studenten Ludwig Tieck und Wilhelm Heinrich Wackenroder über ihre Reise durch Franken, bei der sie den Charme und ästhetischen Rang des mittelalterlichen Nürnbergs entdeckten. Preußenkönig Friedrich Wilhelm IV., als Politiker eine Katastrophe, war als Kunstkenner und -förderer ein Glücksfall. Potsdam ver-

Neuruppiner Altstadtstraße

dankt ihm unter anderem das Schinkelschloss Charlottenhof, später würde er die Vollendung des Kölner Doms betreiben. Die Denkmalpflege sollte ihm ein Herzensanliegen werden.

Sie war eine gemeineuropäische Erfindung. Dass Preußen sich von Beginn an daran beteiligte, ist bemerkenswert. In Frankreich kümmerte sich zur gleichen Zeit der berühmte Eugène Viollet-le-Duc um den historischen Baubestand des Landes, so um die südfranzösische Festungsstadt Carcassonne und um die Kathedrale Notre-Dame-de-Paris. Er gilt als einer der Pioniere der institutionellen Denkmalpflege. In Deutschland nahm sie ihren Anfang mit Alexander Ferdinand von Quast.

Dessen erste diesbezügliche Arbeit galt der Halberstädter Liebfrauenkirche. In der unmittelbaren Region seiner Herkunft hat er die Konservierung des Doms von Havelberg betreut und die der Prämonstratenserkirche in Jerichow. Er hat sich um das Aachener Münster gekümmert, um die Wiederherstellung der Basilika in Trier, um die Wartburg, um die Stiftskirche in Gernrode. Er hat Bücher veröffentlicht. Er warb für seine Sache im Architektenverein und wurde schließlich, 1843, zum Konservator der Denkmäler in Preußen berufen.

Seine Aufgabe war es, zu den einzelnen Objekten zu reisen, sie zu begutachten, darüber Berichte und Zeichnungen zu verfertigen, Fragebögen auszuteilen und auszuwerten, mit den zuständigen Beamten zu verhandeln. Sein Ziel war ein weitgehendes Bewahren der alten Bausubstanz. Ergänzungen sollten zurückhaltend eingesetzt werden und deutlich erkennbar bleiben. Sachmittel erhielt er für seine Tätigkeit keine, Hilfskräfte schon gar nicht. Er finanzierte sich allein, aus den Erträgen seines Gutes in Radensleben.

Die bauliche Vergangenheit, besonders die des Mittelalters, war ihm »Anknüpfungspunkt zur Fortbildung der Neuzeit«. Dabei war es ihm nicht bloß um die »wenigen hervorragenden Monumente

Klosterkirche St. Trinitatis

jener Periode« zu tun, sondern darum, noch die »kleinsten Werke gleichmäßig zu erkennen« und dies »selbst bis in die einzelnen Dorfkirchen und Bürgerhäuser hinein«. Dies ist ziemlich modern gedacht. Wenn die »Fortbildung der Neuzeit« schließlich in den Historismus mündete, war ihm das ganz recht. Die von ihm inspirierten Umbauten in Radensleben zeigen es.

Quast war der Mann Friedrich Wilhelms auch darin, dass er erzkonservativ dachte in politischer Hinsicht. Die Revolution von 1848 empfand er als Zumutung. Er zog sich zurück. Er war verheiratet, natürlich mit einer Aristokratin. Er hatte sieben Kinder, von denen sein Sohn Wilhelm das Gut Radensleben bewirtschaftete und nach einem Brand des Herrenhauses für dessen Wiederaufbau sorgte. Aus Italien hatte der Vater die Idee des Campo Santo mitgebracht, der architektonisch hergerichteten Grablege, ein berühmtes Beispiel findet sich in Pisa. Östlich der Radenslebener Kirche ließ er einen Campo Santo anlegen für sich und seine Familie. 1877 ist er gestorben.

Operette wird auch gegeben

»Am Nachmittag fuhren sie auf dem See herum. Er ruderte, und sie saß am Steuer, während sie dann und wann drohte, sie werde ihre graue, alte Familie unglücklich machen, sie habe es nunmehr satt und stürze sich ins Wasser. Er werde sowieso bald umwerfen. Nein – sie landeten an einer kleinen Insel. Ein paar Bäume standen darauf. Sie lagerten sich ins Gras ... Ein kühler Wind strich vom See herüber. Die Uferlinien waren unendlich fein geschwungen, die hellblaue Fläche glänzte matt ...«

Schloss Rheinsberg, um 1860

Die Sätze stammen von 1912. Sie stammen aus einem »Bilderbuch für Verliebte«, das Kurt Tucholsky schrieb und das die beiden Protagonisten Claire und Wolfgang, zwei junge Leute aus Berlin, ins Ruppiner Land führt, wo sie herumalbern und die Landschaft und sich selbst genießen. Der Haupttitel des immer noch höchst populären Büchleins lautet »Rheinsberg«. Schauplätze sind der Ort und das Schloss gleichen Namens.

Das Gewässer, auf dem die zwei ihre Bootsfahrt unternehmen, wird nicht genannt. Es könnte sich um den Grienericksee handeln, an dessen Ostufer Stadt und Schloss Rheinsberg liegen, oder um den Rheinsberger See, der sich in einiger Entfernung von der Stadt befindet und der eine größere Insel hat. Auch sonst besteht im Ruppiner Land an Seen keinen Mangel. Es ist in der seenreichen Mark Brandenburg die seenreichste Region überhaupt. Man lebt hier von der Landwirtschaft und etwas vom Tourismus. Dessen Hauptziele eines ist Rheinsberg, das Schloss.

Dies verdankt sich zunächst Kurt Tucholsky. Dessen Erzählung hob es aus der Vielzahl märkischer Herrensitze heraus. Hinzu kommen die Erinnerungen an Preußenkönig Friedrich II., der entscheidende Jahre seines Lebens hier zubrachte. Er gab die Umgestaltung der Renaissanceanlage in Auftrag, sein Architekt war Georg Wenzes-

Laubengang im Rheinsberger Schlosspark

laus von Knobelsdorff, der sich hier erstmals ausprobieren durfte und ein Musterbeispiel friderizianischen Rokokos schuf.

Friedrich wohnte in Rheinsberg von 1736 bis 1740. Der harte Zwist mit dem Vater lag hinter ihm. Er war jung verheiratet und brachte seine Frau mit. Ihre Heirat war reine Staatsräson gewesen. Die beiden Eheleute wohnten getrennt, Friedrich umgab sich mit Freunden und frönte seinen Neigungen zur Kunst.

Er war ein vielfach begabter Mensch. Er betätigte sich als Historiograf und verfasste, auf Französisch, eine Geschichte des Hauses Brandenburg. Vor allem war er musikalisch interessiert. Schon im niederländischen Schloss Salzuhm, wo er sich zuvor aufgehalten hatte (seine Frau war eine braunschweigische Prinzessin), wurden auf sein Betreiben hin Ballett- und Musiktheateraufführungen geboten.

Eine der dabei uraufgeführten Opern hieß »Lo Specchio della Fedeltà«, komponiert von Carl Heinrich Graun. Friedrich beeindruckte das Werk derart, dass er den Tonschöpfer nach Rheinsberg verpflichtete. Graun erschien, blieb ein Jahr und ging nach Berlin, wo er, zusammen mit seinem Bruder, in Friedrichs Kapelle saß. Friedrich schätzte ihn über die Maßen und schrieb ihm eigenhändig ein Libretto, die Oper heißt »Montezuma«. Insgesamt beträgt die Zahl von Grauns (heute durchweg vergessenen) musikalischen Bühnenwerken um die dreißig.

Friedrichs Vorzugsinstrument war die Flöte, Johann Joachim Quantz sein Lehrer. Die beiden lernten sich kennen, als Kronprinz Friedrich am Hof Augusts des Starken weilte, Quantz war Mitglied der Dresdner Hofkapelle. Friedrich holte ihn und machte ihn zu seinem Hauskomponisten. Quantz durfte dem König weiterhin Unterricht erteilen und musste ihm sogar ins Feldlager folgen. Dreihundert Flötenkonzerte stammen von ihm, einige werden bis heute gespielt.

Friedrichs Kapelle, in der Quantz die Flöte blies, wurde geleitet von Carl Philipp Emanuel Bach. Der zweite Sohn des Leipziger Thomaskantors war ebenso wie drei seiner Brüder ein vorzüglicher

Postsäule in der
Rheinsberger Altstadt

Musiker. Dass die vier heute im Schatten ihres überragenden Vaters stehen, sagt weder etwas über den Eigenwert ihrer Arbeiten noch über das Ansehen, das sie zu ihrer Zeit genossen. Johann Christian etwa, der jüngste, wurde in London ein gefeierter Opernkomponist.

Mit Brandenburg-Preußen unterhielt die Bachfamilie etliche Kontakte. Johann Sebastian, der Vater, widmete dem Markgrafen von Brandenburg-Schwedt sechs Instrumentalkonzerte, deren Partituren freilich im anhaltinischen Köthen entstanden. Er selbst spielte mehrfach dem preußischen König vor und komponierte in dessen Auftrag ein vorgegebenes Thema, woraus das »Musikalische Opfer« entstand. Als er in Berlin und Potsdam gastierte, saß am Cembalo der ihn begleitenden Hofkapelle Sohn Carl Philipp Emanuel.

Auf Adolf Menzels Gemälde des Flötenkonzertes in Sanssouci ist der auch zu sehen. Mit dem Cembalospiel wurde er in Europa berühmt, allein dafür schrieb er hundertfünfzig Sonaten und fünfzig konzertante Stücke. Ihm komme »wie seinem Bruder Johann

Carl Philipp Emanuel Bach

Christian unter den Bach-Söhnen eine eigene musikgeschichtliche Bedeutung zu«, schreibt Metzlers Musiklexikon. »Beide waren nicht nur Wegbereiter der musikalischen Klassik, die das Erbe ihres Vaters an Haydn, Mozart und Beethoven vermittelten, sondern sie waren auch Komponisten von jeweils eigenem Rang und ausgeprägter Charakteristik. Bei Carl Philipp Emanuel zeigt sich dies in erster Linie in seiner Klaviermusik.« Die Rede ist von seiner »kantablen Melodik« und davon, dass Musik für ihn »Sprache der Empfindungen« gewesen sei.

Insgesamt achtundzwanzig Jahre stand der Bach-Sohn in Diensten des preußischen Königs. Seine Ehefrau war die Tochter eines Berliner Weinhändlers. 1768 trat er die Nachfolge seines Taufpaten Georg Philipp Telemann als städtischer Musikdirektor in Hamburg an.

Nach Rheinsberg war er 1740 gekommen, dem Jahr von Friedrichs II. Inthronisation. Der junge König vermachte das Schloss, in dem er nach eigenem Bekunden die glücklichsten Jahre seines Lebens zugebracht hatte, nunmehr seinem vierzehn Jahre jüngeren Bruder Heinrich. Der, kleinwüchsig und schielend, dazu entstellt von Pockennarben, war seinerseits ein begabter Feldherr. Seinen Bruder hat er in dessen Kriegen unterstützt und kritisiert. Auch er sprach französisch, auch er liebte französische Belletristik, auch er war musikalisch: Er spielte die Geige. Sein halbes Leben verbrachte er auf Schloss Rheinsberg.

Zweimal in der Woche ließ er dort Theater spielen, unter anderem Opern von Gluck. Verheiratet war er mit einer bildhübschen Frau, doch auch seine Eheschließung folgte rein politischem Kalkül. Wie sein Bruder Friedrich war er homosexuell, und wenigstens in einem Falle zankten sich beide um die nämliche Person, einen hübschen adeligen Pagen.

In Rheinsberg ist Heinrich 1802 gestorben und hat sich dort beisetzen lassen. Danach verfiel das Anwesen. Es wurde geplündert, gelegentlich erfolgten Baumaßnahmen, in der DDR diente es als Klinik. Denkmalpflegerische Bemühungen begannen gleichfalls zu

DDR-Zeiten, inzwischen sind sie abgeschlossen. »Rheinsberg zur Sommerszeit – das weiße Schlösschen im Spiegel des Sees, wogendes Schilf und das rauschende Grün der Bäume. Stilvoll, heiter-melancholisch, halb Rokoko, halb Romantik, Inbild des anderen Preußen, weit weg von Spießruten und Kanonengebrüll.« So eine Zeitschrift.

Der Charme des Anwesens hat sich erhalten und ebenso die hier betriebene Musikalität. Seit 1991 ist das Schloss Sitz der Rheinsberger Kammeroper. Sie wurde erfunden von einem zeitgenössischen Komponisten, sein Name lautet Siegfried Matthus.

Er wurde in Ostpreußen geboren und wuchs in Neuruppin auf. Er studierte Komposition bei Rudolf Wagner-Régeny und war Meisterschüler bei Hanns Eisler. 1964 holte ihn der berühmte Walter Felsenstein an seine Berliner Komische Oper, wo Matthus als Drama-

Schloss Rheinsberg

turg arbeitete. Seiner ersten Arbeit fürs Musiktheater diente der spanische Schelmenroman »Lazarillo vom Tormes« als Vorlage.

Sein musikalischer Stil, darin ganz Schüler seiner Lehrer, ist der einer maßvollen Moderne. Das schon zitierte Metzlersche Musiklexikon bestätigt ihm einen »dramatischen, im Ausdruck konzentrierten Stil mit leichtem, klanglich impressivem Gestus«. In seinen Opern unternehme er »die Transformation szenischer Vorgänge in musikalische Strukturen«. Den Arbeiten von Matthus ist anzuhören, dass ihr Komponist sich in der zeitgenössischen Avantgarde gut auskennt und von ihr einiges übernimmt, atonale Klänge, Serielles, die reichliche Verwendung von Perkussion, die weitgehende Abkehr von spätromantischem Orchesterklang. Bei alledem bleibt seine Musik kantabel, er sucht die Fortsetzung der Traditionen, nicht den Bruch mit ihr.

Insgesamt gibt es elf Opern von Matthus, die Libretti schrieb er sich teilweise selbst. Er hat Friedrich Hebbels Tragödie »Judith« vertont und eine britischen Kriminalkomödie, »Noch einen Löffel

Gift, Liebling?«. Das Schicksal des französischen Revolutionspolitikers Gabriel de Riqueti Graf von Mirabeau nahm er ebenso als Vorlage wie das des italienischen Kastraten Farinelli und Rainer Maria Rilkes »Weise von Liebe und Tod des Cornets Christoph Rilke«.

Er dürfte der produktivste deutsche Opernschöpfer seiner Generation sein neben Aribert Reimann. Seine sinfonischen Arbeiten waren in New York zu hören und in Tokio. Der private Siegfried Matthus ist ein freundlicher, völlig unprätentiöser Mensch, der, wann immer möglich, seine Runden im brandenburgischen Wandlitzsee schwimmt, an dessen Ufer er wohnt.

1998 begann er mit der Arbeit an einer Oper über den Hohenzollernkronprinzen Friedrich, Rheinsberg dürfte ihn dazu angeregt haben. Der Betrieb der Kammeroper hat wohl auch damit zu tun, dass Matthus verheiratet ist mit einer Sängerin. Das jährliche Sommerfestival, längst ein Institution, erfreut sich großen Zuspruchs und findet teilweise unter freiem Himmel statt, im Schlosspark, dem »Heckentheater«, und im Schlosshof, außerdem gibt es das wiederhergestellte Schlosstheater. Der Spielplan enthält Werke von Vivaldi und Mozart bis Puccini. Operette wird auch gegeben.

»Dröhnten nicht drei Paukenschläge? – Ein Dominantakkord erklang: ein Lauf, von der Flöte gepfiffen, machte neugierig, gespannt«, heißt es in Tucholskys »Bilderbuch für Verliebte«. »Und wieder ein Lauf, die Geigen folgten, die Melodie blieb auf einem neuen Dominantakkord stehen ... Pause ... Und das alte, süße Thema kehrte in den Geigen wieder, hier war Erinnerung, heimliche Freuden und alles verliebte Flüstern der Welt!«

Siegfried Matthus

Schießkünste

Mit zweihundert Quadratkilometern ist die Schorfheide das größte zusammenhängende Waldgebiet Deutschlands. Es gliedert sich in die drei Abschnitte Innere Schorfheide, Eichheide und Üderheide. Die erste Silbe des Flurnamens bedeutet »Schaf«. Früher ließen Bauern zwischen den Bäumen ihre Herdtiere weiden.

Auf dem Gebiet der Schorfheide liegen zehn unter gemeinsame Verwaltung gestellte Gemeinden, wie Finowfurt, Altenhof und Klandorf. Die Gesamteinwohnerschaft beträgt etwas über zehntausend. Nächstgelegene Städte sind Templin, Eberswalde und Bernau.

Die Schorfheide ist Teil eines Biosphärenreservats mit mehreren Totalreservaten, was bedeutet: Die Natur bleibt hier, ungehindert von menschlichen Eingriffen, sich selbst überlassen. Außer dem Werbellin- und dem Grimnitzsee gibt es zahlreiche kleinere Stillgewässer: Weiher, Tümpel, Teiche und Moore. Zwischen den Waldungen erstrecken sich offene Heidegebiete. Durch die Schorfheide verläuft die Wasserscheide zwischen Nord- und Ostsee.

Der 1946 in Nürnberg als Kriegsverbrecher verurteilte und danach durch eigene Hand umgekommene Politiker Hermann Göring war zweitmächtigster Mensch in Adolf Hitlers Diktatur. Im Ersten Weltkrieg ein schneidiger Jagdflieger, hatte er 1923 teilgenommen an Hitlers erfolglosem Versuch, Mussolinis Marsch auf Rom als Marsch auf die Münchner Feldherrnhalle zu kopieren, und hatte sich dabei eine schwere Verwundung zugezogen. Folgen waren eine enorme Fettleibigkeit und eine lebenslange Drogensucht.

Nach Hitlers Machtübernahme 1933 wurde er preußischer Ministerpräsident. Hier erfand er die politische Polizei Gestapo und richtete die ersten deutschen Konzentrationslager ein. Daneben und danach besaß Göring zahlreiche weitere Ämter, insgesamt über dreißig, die er sich sämtlich gut bezahlen ließ. Er war ein Ge-

Sommerimpression

Schorfheide

63

Franz von Stuck:
Kämpfende Amazone

nussmensch. Er liebte die protzige Selbstdarstellung. Zwei seiner Funktionen waren die des Reichsforstmeisters und des Reichsjägermeisters.

Er war zweimal verheiratet. Mit seiner ersten Frau Carin, einer Schwedin aus begütertem Haus, unterhielt er zunächst ein ehebrecherisches Verhältnis. Die gebürtige Freiin Fock war blond und ansehnlich, litt an schwerem Rheuma und an multipler Sklerose. 1931 starb sie. Der Witwer, kaum an der politischen Macht, gab den Bau einer pompösen Gedenkstätte in Auftrag. Architekt war Werner March, der auch das Berliner Olympiastadion ersann.

Das Objekt für die Verstorbene entstand in der Schorfheide nördlich Berlins und erhielt den Namen Carinhall. Es war nicht bloß ein Mausoleum. Es bestand aus mehreren großen Gebäuden, die dem Aufenthalt des Bauherrn und seines Gefolges dienten, sofern dieser hier weilte, und das geschah häufig. Carins Leichnam lag in einer Gruft. Ursprünglich in Schweden beigesetzt, wurde er 1934 in einem Staatsakt hierher überführt. Zu jenem Zeitpunkt war Göring bereits das zweite Mal liiert, mit einer blonden Schauspielerin, Vorname Emmy.

Die Wahl der Schorfheide als Standort war nicht zufällig erfolgt. Göring war ein begeisterter, wenn auch schlechter Wildschütz. Mitglieder seiner Jagdgesellschaften hüteten sich, mehr zu erlegen als er, da dies umgehend seinen außergewöhnlichen Zorn erregte. Die Schorfheide blieb nicht sein einziges Jagdrevier, doch jenes, das dem Regierungssitz Berlin am nächsten lag.

Carinhall diente außerdem als Aufbewahrungsort für Görings Kunstsammlung. Sie war riesig und bestand fast durchweg aus Raub- und Beutegut. Gegen Ende des Zweiten Weltkriegs wurden die Objekte ausgelagert nach Österreich, in ein aufgelassenes Bergwerk des steirischen Salzkammerguts. Ein paar Statuen blieben zurück, darunter eine Reiterplastik Franz von Stucks. Heute steht sie in Eberswalde.

Nahe Carinhall gab es eine Funkstation und, sieben Kilometer entfernt, eine aus Brettern errichtete Scheinanlage, die mögliche alliierte Luftangriffe ablenken sollte. Göring hielt sich zum letzten Male am 20. April 1945 hier auf. Als die Rote Armee heran war, wurde das Anwesen samt Carin-Mausoleum mit achtzig Bomben in die Luft gejagt. Erhalten blieben außer Trümmern zwei Wachhäuschen.

Carins Leichnam war zuvor aus der Gruft herausgeholt und im Wald beigesetzt worden, doch Plünderer exhumierten ihn. Schließlich wurde er heimlich nach Berlin transportiert und dort verbrannt. Die Asche brachte man in das ursprüngliche Grab, nach Schweden.

Carins Schwester Fanny, eine verheiratete Wilamowitz-Moellendorff, schrieb über die erste Frau Göring ein Buch, das sich bis 1943 um die 733.000 Mal verkaufte. Ich habe es in der Hand gehabt. Es enthielt zahlreiche schmeichelhafte Bilder, der Text war entfesselter Kitsch.

Hermann Göring in Carinhall, um 1943

Eine Zeit lang wies am Schorfheidenrand ein beschrifteter Stein den Zugang nach Carinhall. Er war mit Fördergeldern des Bundeslandes Brandenburg entstanden. Als dies öffentlich wurde, wurde der Stein wieder entfernt.

Hermann Göring war nicht der erste politische Machthaber, der sich in der Schorfheide auf die Pirsch begab. Bereits sein Vorgänger im Amt des preußischen Ministerpräsidenten, der Sozialdemokrat Otto Braun, war ein begeisterter Waidmann gewesen und ging seiner Passion in der Schorfheide nach. Er tat dies so wie der erzkonservative Reichspräsident Paul von Hindenburg; politisch standen Welten zwischen den beiden, in ihrer Neigung verstanden sie sich. Otto Braun ließ ein Jagdgesetz erarbeiten, das als vorbildlich galt. Hermann Göring übernahm es vollinhaltlich.

Aber auch Otto Braun jagte in der Schorfheide nicht als erster. Das Gebiet war zuvor Hofjagdrevier der Hohenzollern gewesen, und zumal Kaiser Wilhelm II., seiner körperlichen Behinderung wegen kein guter, dafür ein begeisterter Jäger, schoss gerne hier. Die Jagd ist ein altes, bis ins Mittelalter, bis in die Antike zurückreichendes Privileg der Mächtigen. Das herrschaftliche Erlegen von Tieren in Friedenszeiten trainiert und substituiert das Erlegen von Menschen im Kriegsfall.

Erich Honecker in der Schorfheide, 1976

Die Jagdprivilegien haben sich bis weit in alle nachfeudalistischen Zustände erhalten. Industriemanager pachten heute Jagden und zahlen hohe Abschussgebühren. Ebenso frönten die Gebieter über die verstaatlichten Industrien im osteuropäischen Realsozialismus der Jagd. Der letzte DDR-Diktator Erich Honecker schoss mit Hingabe. Er schoss in der Schorfheide.

Carinhall konnte er nicht mehr nutzen, da es längst nicht mehr stand. Also erkor er zu seinem Sitz das am Werbellinsee gelegene Jagdschloss Hubertusstock; es war 1847 von Preußenkönig Friedrich Wilhelm IV. errichtet worden, im bayerischen Landhausstil. Beide Kaiser Wilhelm hielten sich hier auf, nach 1918 wurden Schloss und Jagdrevier verstaatlicht. Hinfort schossen hier die deutschen Reichspräsidenten, vor Hindenburg schon dessen Vorgänger, der

Sozialdemokrat Friedrich Ebert. Unter Hitler diente das Schloss einem hochrangigen Nazi als Wochenendbleibe.

Das Anwesen war klein, und zuletzt war es ziemlich verwahrlost. Erich Honecker, der seinen Jagdtrieb bei gemeinsamen Ausflügen mit dem rumänischen Diktator und Bärenjäger Nicolae Ceauşescu entdeckt hatte, ließ, kaum an der Macht, das alte Schloss Hubertusstock abreißen und durch einen Neubau ersetzen, bestehend aus zwei Wohntrakten und einem Mehrzweckgebäude mit Schwimmbad, Sauna und Schießanlage. Hier wurden Staatsgäste empfangen und zur Jagd geführt, der Krupp-Manager Berthold Beitz zum Beispiel und der bayerische Ministerpräsident Franz Josef Strauß.

Auch Honecker war ein schlechter Jäger. Überliefert wird, dass er zum Schießen den Gewehrlauf auf die Schulter eines eigens dafür bestallten Begleiters legte, der daraufhin schwere Hörschäden erlitt. Das Jagdrevier unterstand nicht der allgemeinen Forstverwaltung, sondern der Nationalen Volksarmee, womit es als militärisches Hoheits- und Sperrgebiet galt.

Fünfzig Jahre lang war der Wildbesatz in der Schorfheide unverträglich hoch. Die Jagdkommandos der Roten Armee, als sie hier noch, gleich nach dem Einmarsch, auf Tiere zielten, bevorzugten Rehe und Rotwild. Die Wildschweine konnten sich ungehindert vermehren und wurden zur Plage für die Bauern der Region. Deutschen war anfangs das Tragen und die Benutzung von Schusswaffen verboten. Es gab auch zu wenig Forstpersonal. Ein kodifiziertes Jagdrecht für sowjetische Armeangehörige bestand erst ab 1957. Ein Teil der Schorfheide blieb den Russen exklusiv überlassen. Gleichwohl wilderten sie weiterhin auch anderswo. Ein brandenburgischer Förster beklagte in einem Brief an die Obrigkeit ausführlich die Gefahr, die dadurch für Menschen bestand.

Wegen der schlechten Schießkünste der SED-Oberen (denn auch die Politbürokraten Sindermann, Stoph und Mittag liebten das Tie-

Jagdschloss in Groß Schönebeck

retöten) wurde Jagdwild angefüttert und massenhaft den Jägern vor die Flinte getrieben. Als die DDR zusammenbrach, war die Schorfheide von fetten Geweihträgern völlig übersetzt. Seinen letzten Hirsch schoss Erich Honecker hier am 8. November 1989. Da war er von allen politischen Spitzenämtern bereits entbunden, am Tag darauf fiel in Berlin die Mauer.

Schloss Hubertusstock ist inzwischen allgemein zugänglich, als ein freilich nicht von jedermann bezahlbares Nobelhotel. Der Erinnerung an vergangene Hof- und Staatsjagden dienten ein Schlösschen und eine zum Museum umgebaute Scheune im Ort Groß Schönebeck. Die ständige Ausstellung darin trägt den hübschen Titel »Jagd und Macht«. Sie zeigt auch drei Riesenstatuen des Nazi-Bildhauers Josef Thorak, der wie sein Hauptauftraggeber Hitler aus Österreich kam. Die Plastiken stehen etwas im Hintergrund und stammen aus Carinhall.

Der Waldbewuchs der Schorfheide besteht hauptsächlich aus dem märkischen Standardbaum Kiefer, Pinus sylvestris. Daneben finden sich größere Eichenbestände, hier wie sonst in unseren Breiten früher die vorherrschenden Waldbäume, im Barockzeitalter wurden sie fleißig abgeholzt, um aus ihren Stämmen Geschützlafetten zu produzieren. Wir befinden uns in Brandenburg, wo das Militärwesen Vorrang hatte.

Touristen kommen gern, besonders im Sommer und bevorzugt aus Berlin. Im Herbst treten die Pilzsucher auf. Die Landschaft ist von spröder Schönheit, die Mückenplage beträchtlich. Wer will, kann sich zur weiteren Fortbewegung einen Esel mieten. Er trägt, so die Werbung, »das Gepäck und Kinder bis 35 Kilo. Nach einer Einführung in das Führen der Esel geht es auf verschiedenen Routen durch das Biosphärenreservat (...).« Die Tiere, es sind deren drei, heißen Elias, Emma und Elise.

Gedenkstein

Das sind doch bloß Töppe

Marwitz ist ein slawischer Begriff. Er benennt einen Platz, an dem Ameisen vorkommen. In Brandenburg-Preußen gab und gibt es die Familie von der Marwitz, die ursprünglich aus der Neumark kam. Ihr prominentester Vertreter trug die Vornamen Friedrich August und war zur Napoleonzeit ein General.

Die brandenburgische Ortschaft Marwitz ist heute Ortsteil der Sammelgemeinde Oberkrämer nördlich von Berlin. Das einstige Bauerndorf mit anderthalbtausend Einwohnern existiert seit 1345. Das Havelland, in dem es liegt, ist ein einigermaßen diffuser Begriff: Verwaltungstechnisch gehört es zu drei Landkreisen, geschichtlich war es das Herzstück der Mark. Theodor Fontane hat ihm einen eigenen Band seiner »Wanderungen« eingeräumt, als Einleitung steht dort ein langes Gedicht:

Friedrich August Ludwig
von der Marwitz, 1827

> Und an deinen Ufern und an deinen Seen,
> Was, stille Havel, sahst all du geschehn?!
> Aus der Tiefe herauf die Unken klingen –
> Hunderttausend Wenden hier untergingen ...

So heißt es in der letzten von insgesamt fünf nicht immer elegant gereimten Strophen. Das Gedicht schließt:

> Und Gruß dir, wo die Wiege stand,
> Geliebte Heimat, Havelland!

Die eigene Heimatstadt Neuruppin rechnet er also auch dazu.

Die Havel, die der Landschaft ihren Namen vermachte, ist einer von zwei großen brandenburgischen Flüssen. Sie entspringt in Mecklenburg und mündet in die Elbe. Zwischen Quelle und Mündung

Blau-weiße Töpferkunst

71

liegen gerade neunundsechzig Kilometer Fluglinie, die Gesamtlänge des Flusses beträgt deren dreihundertfünfundzwanzig, die sich herstellen durch schwaches Gefälle, plane Landschaften und viele Umwege. Der Fluss durchquert Sumpfgebiete und bildet Seen.

Eine wichtige Stadt der Region ist Oranienburg. Früher hieß sie anders, Bochzow oder Bötzow, der seit 1650 gültige Name verdankt sich der niederländischen Prinzessin Louise Henriette von Oranien, der ersten Ehefrau des Großen Kurfürsten Friedrich Wilhelm. Das örtliche Schloss, vormals Jagdsitz, wurde im Stil des holländischen Barock errichtet und zeigt sich prächtig restauriert. Louise Henriette unterhielt in ihm das überhaupt erste Porzellankabinett Europas.

Man kann von Oranienburg nicht sprechen, ohne Sachsenhausen und Ravensbrück zu erwähnen. Beides waren Lager für politische Häftlinge zur Zeit von Adolf Hitlers Nationalsozialismus, Sachsenhausen für Männer, Ravensbrück für Frauen. Sachsenhausen trat 1936 die Nachfolge eines unmittelbar bei Oranienburg unterhaltenen Lagers an, dessen berühmteste Häftlinge der Friedensnobelpreisträger Carl von Ossietzky und der Dichter Erich Mühsam waren. Mühsam wurde dort ermordet, Ossietzky um seine Gesundheit gebracht.

Sachsenhausen und Ravensbrück sind heute Gedenkstätten. Dies geht noch auf die DDR zurück, die sich als strikt antifaschistische Ordnung begriff, ohne es mit letzter Konsequenz zu sein, da man vielmehr selektiv verfuhr. Bis 1990 wurde auch gern verschwiegen, dass die sowjetische Besatzungsmacht, nicht anders als in Buchenwald bei Weimar, das Lager Sachsenhausen weiter betrieb, um es mit politischen Häftlingen ihres Urteils zu füllen, darunter vielen belasteten Nazis und vielen Unschuldigen, auch Minderjährigen und selbst Menschen, die bereits unter Hitler hier Häftling gewesen waren. An sie alle wird in der heutigen Gedenkstätte erinnert.

Zurück nach Marwitz. Station sei die Hedwig-Bollhagen-Straße 4. Von hier zum Schloss Oranienburg gibt es eine indirekte Verbindung: Das erwähnte Porzellankabinett, das die aus den Niederlanden stammende Kurfürstin unterhielt, besaß eine Sammlung chine-

Gedenkstätte Ravensbrück

Schloss Oranienburg

sischer Gefäße und Figuren. Das gesamte Barockzeitalter hindurch war die europäische Aristokratie gierig auf solche Irdenware, sie gab viel Geld dafür aus und legte sich auf ihren Schlössern dafür eigene Kammern zu. So war das noch, als in Kursachsen der Alchimist Johann Friedrich Böttger (der sich zuvor in Brandenburg versucht hatte) das Rezept für die Porzellanherstellung herausfand und das kostbare Zeug nunmehr aus Meißen kam. Porzellan blieb eine edle Ware auch in der Zukunft.

Technologisch geht es bei ihr um ein aus Mineralien geformtes und in einem Spezialofen gebranntes Produkt. Nach dem ersten Brand wird es bemalt oder glasiert und danach nochmals in den Brennofen getan. Das Verfahren ist das nämliche wie bei Waren aus dem Rohstoff Ton.

Dessen Verwendung ist so alt wie die menschliche Zivilisation. Tongefäße waren die ersten Geschirre zu Aufbewahrung von Flüssigkeiten, wie Öl, und für lose Trockensubstanzen, wie Körner, auch die Asche von Toten wurde darin verwahrt.

Ton war der gebräuchliche Werkstoff für Tischgeschirre neben Glas, Holz und, seltener, Metall. Das galt bis zur Aufkunft der europäischen Porzellanherstellung und gilt vielfach bis heute. Als Fayencen und Majoliken ist er weiterhin im Gebrauch, zumal im Ausland; die englischen Wedgwood-Keramiken sind seit zweihundertfünfzig Jahren ein begehrtes (und ziemlich teures) Tongeschirr. Hierzulande produzierten Töpfereien lange Zeit Massenware für Gärtnerei und Vorratswirtschaft oder waren eine Sache des Kunstgewerbes. Tönerne Tischgeschirre fanden sich in bäuerlichen und Kleine-Leute-Milieus.

Der Name Havel, anders als andere Flurbezeichnungen in Brandenburg, ist vorslawischen Ursprungs. Er ist verwandt mit Wörtern wie Hafen und Haff und bezeichnet eine Bucht. Hafen ist außerdem ein verschollenes Wort für ein bauchiges Gefäß, in Wien als Häferl (für Tasse) weiterhin gebräuchlich.

Die Hedwig-Bollhagen-Straße in Marwitz trägt ihren Namen nach einer berühmten Keramikerin, die hier gewohnt und gewirkt hat. Die von ihr entworfenen und geschaffenen Geschirre sind nach wie vor im Umlauf und äußerst begehrt.

Hedwig Bollhagen wurde 1907 in Hannover geboren. Das Interesse für moderne Kunst erfuhr sie durch ihre Mutter, nebenher entdeckte sie bei Besuchen auf Bauernmärkten ihre Liebe zu tönernen Produkten. Nach dem Abitur lernte sie in einer kleinen hessischen Töpferwerkstatt und besuchte anschließend eine Fachhochschule im Westerwald. Früh unterhielt sie Kontakte zum Bauhaus von Walter Gropius, der für die Avantgarde in Malerei, Design, Architektur und Kunsthandwerk maßgeblichen Ideenschmiede zu Weimar und Dessau. Das Bauhaus verfolgte zwei Ziele: Es wollte das durch die Industrialisierung verdrängte Handwerk wiederbeleben, und es wollte bestimmte Gestaltungsprinzipien durchsetzen, folgend dem Grundsatz, dass die Funktion eines Dings bestimmend sei für dessen Form.

Am Bauhaus hatte für kurze Zeit Margarethe Heymann-Loebenstein studiert, eine Jüdin. 1923 begann sie in Marwitz mit einer eigenen Keramikproduktion, die sie, nach ihren Namens-Initialen, Haël-Werkstätten nannte und die recht erfolgreich war. Die ökonomische Leitung hatten ihr Ehemann und ihr Schwager, die Ende der zwanziger Jahre bei einem Autounfall ums Leben kamen. Kurz darauf starb ihr kleiner Sohn. Wohl unter dem Eindruck dieser Schicksalsschläge trug sie sich frühzeitig mit Verkaufsabsichten.

Nach Hitlers Machtübernahme denunzierte sie einer ihrer Angestellten, worauf sie vorübergehend ins Ausland floh. Sie kehrte noch einmal zurück, meldete ihren Betrieb ab und ging 1936 endgültig in die Emigration, nach England. Ihre stillgelegte Manufaktur wurde von einem Mann namens Heinrich Schild gekauft, Nazi seit 1932 und hoher politischer Funktionär. Als Leiterin setzte er Hedwig Bollhagen ein, der die Region vertraut war, denn sie hatte bereits während der zwanziger Jahre hier gearbeitet, in einer Töpferei des nahen Velten.

Hedwig Bollhagen, 1976

Blick in die Hedwig-Bollhagen-Werkstatt

Nun also übernahm sie die vormaligen Haël-Werkstätten, deren alleinige Besitzerin sie fünf Jahre später wurde. War sie damit Nutznießerin einer judenfeindlichen Enteignung geworden?

Diese These vertritt eine Historikerin, Ursula Hudson-Wiedenmann, und hat damit einige Aufmerksamkeit erregt. Ihrer Argumentation zufolge sei die Schließung des Haël-Betriebs aus politischen Gründen erfolgt. Die Verkaufssumme von 45.000 Mark habe nur einem Teil des tatsächlichen Wertes entsprochen. Hedwig Bollhagen habe die Dessins der ihr ästhetisch überlegenen Margarete Loebenstein kopiert und genutzt.

Dass der Käufer von 1934, Heinrich Schild, politische Vorteile für sich nutzte, darf man annehmen. Über den Preis wurde immerhin verhandelt. Die schließlich gezahlte Summe lag erheblich über Schilds erstem Angebot, Arisierungen fielen sonst brutaler aus. Was die künstlerische Seite anlangt, so hat Hedwig Bollhagen in der Tat auch Produkte ihrer Vorgängerin verkauft und einzelne Formen weiter verwendet. Stellt man ihre Erzeugnisse neben die erhaltenen Arbeiten von Margarete Loebenstein, werden aber fundamentale Unterschiede deutlich.

Die Gründerin von Marwitz bewegte sich im Bereich des Postexpressionismus. Formen und Farben waren auffällig bis extravagant. Der Schauwert rangierte deutlich vor dem Nutzwert. Hedwig Bollhagens Formen geben sich dagegen einfach bis traditionell. Ihre Dekors sind meist parallele Linien, die sich kreuzen können oder auch nicht, unter den verwendeten Farben dominiert ein Blau, das entfernt an Zwiebelmuster erinnert. Dies alles hat Hedwig Bollhagens Erfolge begründet und ihren künstlerischen Ruhm. Er gehört ihr allein. Frühe Arbeiten von ihr erzielen auf Kunstauktionen höchste Preise.

Ihr Lebenswerk hat sie mit einer Haltung der politischen Sorglosigkeit erkauft, die man befremdlich finden mag, zumal sich dies in der DDR fortsetzte. Einmalig war es nicht. Die Karriere ihrer Generationsgenossin, der Tänzerin Gret Palucca, ist nur ein Beispiel. Die gewiss anstehende Rehabilitation von Margarete Loebenstein zu betreiben, indem man Hedwig Bollhagen ästhetisch denunziert, ist kein guter Stil. Was aber jenen Mann betrifft, der 1934 allein den als Arisierung verdächtigen Kauf zu Marwitz vornahm: Heinrich Schild, bis 1945 NS-Generalsekretär und Gleichschaltungsbeauftragter des deutschen Handwerks, war ab 1953 Abgeordneter zum deutschen Bundestag und saß für die CDU im Europaparlament.

Hedwig Bollhagen mag ungewollte Nutznießerin der Nazis gewesen sein, deren Anhängerin war sie nicht. Einer ihrer künstlerischen Berater wurde Charles Crodel, von den Nazis aus seiner Lehrtätigkeit gejagt, da er, so das offizielle Urteil, zu den »Entarteten« zählte. Er wurde die wichtigste Freundschaft ihres Lebens.

Hedwig Bollhagen führte die Werkstätten als privates Unternehmen bis 1972. In diesem Jahr wurde der Betrieb verstaatlicht. 1990 erfolgte die Rückführung in privates Eigentum. Hedwig Bollhagen hat ihre Tage in der Manufaktur zugebracht bis fast zuletzt. Sie trug einen speziell für sie geschneiderten Kittel, hellblau kariert und mit besonders großen Taschen. Das weiße Haar hatte sie zu einem Nackenknoten gesteckt. Sie war eine eindrucksvolle und schöne Frau noch im hohen Alter.

Von ihrem beträchtlichen Ruhm wusste sie. Viel darauf gegeben hat sie offensichtlich nicht. Ihre Entgegnung auf das Urteil, sie schaffe doch Kunst, lautete: »Ach ja, manche nennen es so. Ich mache Teller, Tassen und Kannen.« Oder, einfacher: »Das sind doch bloß Töppe!«

2001 ist sie in Marwitz gestorben.

Garten der Hedwig-Bollhagen-Werkstatt

Ein vornehm bedachter Mann

Der Barnim ist eine Hochfläche eiszeitlichen Ursprungs im Nordwesten Berlins. Er liegt zwischen Eberswalder und Berliner Urstromtal, in letzterem fließt die Spree. Die höchste Erhebung ist der Semmelberg in der Nähe von Falkenberg mit 158 Meter über Normalnull. Es gibt Moore, Seen, und ein paar kleine Flüsse entspringen hier, darunter das Tegeler Fließ und die Panke.

Der Barnim besteht aus Grundmoränen, Endmoränen und Sanderflächen. Die Besiedlung ist seit jeher eher dünn, die größte Stadt heißt Strausberg. Die etwas zweifelhafte Prominenz dieses Orts besteht darin, dass die DDR ihn zum Zentrum ihrer Nationalen Volksarmee machte und die Villen am Ufer des Strausberger Sees bewohnt wurden von hohen Offizieren. Auch Günter Guillaume, der den Bundeskanzler Willy Brandt ausspionierte, hat nach Verbüßung seiner Haftstrafe hier gelebt.

Von anderen Städten und Ortschaften des Barnim besonders bekannt ist zum Beispiel Buckow. Dort besaß der Dichter Bertolt Brecht ein Sommerhaus und schrieb darin eine Reihe melancholischer Gedichte, die Buckower Elegien. In seiner Nachfolge besang Wolf Biermann den Ort in insgesamt fünf Balladen.

Walther Rathenau

Gehn wir mal hin?
Ja, wir gehn mal hin.
Ist hier was los?
Nein, es ist nichts los.
Herr Ober, ein Bier!
Leer ist es hier.

Ein anderer prominenter Ort am Barnim ist Freienwalde. Als eine von vier Adressen im Bundesland Brandenburg darf er das Wort

Kirche St. Georgen

79

Johannes Kunckel

Bad im Ortsnamen führen und ist von den vieren die mit dem ältesten Kurbetrieb.

»Die Stadt lag weithin sichtbar am Rande des unermesslichen Flachlandes, lang ausgestreckt zu Füßen einer Hügelkette. Vor unzähligen Jahren, in sagenhaften Zeiten, schleppten gewaltige Eisschollen Schutt, Geröll, Erdmassen mit sich und lagerten sie hier ab, indem sie wie eine Zange die Ebene einzwängten. Heute wellten sich sanfte Hügel, bestanden von düsteren Tannen, schlanken Birken, herben Buchen, aus dem Boden kamen heilkräftige Wasser, und die Erde brachte sich selbst zum Geschenk.

Wo die Hügel allmählich in das Flachland abfielen, waren rundherum Tonziegeleien entstanden, vereinzelt traf man sie auch in der Ebene an, inmitten der Felder und Weideplätze, in der Nähe eines halbversandeten, eingetrockneten Teiches. Landwirtschaft und Industrie bestanden hier dicht nebeneinander, die Fabriken waren ein gewaltiger Konkurrent, sie zogen viele Menschen an, der Bauer musste sie ernähren. In diesem Landstrich gab es keinen großen Wohlstand, der Boden trug Kartoffeln, Roggen, Gerste und Rüben, unveränderlich seit vielen Jahren, gerade genug, um das tägliche Leben zu fristen.«

So beschreibt der Schriftsteller Hans Keilson, der in Bad Freienwalde geboren wurde, die Stadt seiner Herkunft. Er war nicht der einzige Dichter am Ort. Auf dem Freienwalder Friedhof liegt seit 1920 Victor Blüthgen begraben, den inzwischen keiner mehr kennt. Was man gut verstehen kann, wenn man in eines seiner Naturgedichte schaut: »Liese, es regnet Seile; / Ich sterbe vor Langerweile.«

Keilson erwähnt die heilkräftigen Wasser. Sie wurden bereits 1683 entdeckt, von Johannes Kunckel, Leibalchimist des Großen Kurfürsten. Dem Herrscher lag das gesundheitliche Wohlergehen seiner blessierten Offiziere am Herzen, weswegen er sich der praktischen Nutzung jener der Erde entspringenden heilsamen Flüssigkeit persönlich annahm. Der auch als Kurfürsten- oder Königsquelle bekannte Gesundbrunnen ist seither im Gebrauch. Ab dem

19. Jahrhundert wurden außer Trinkkuren auch Moorbäder gegen den Rheumatismus verabreicht. Von den alten Logier- und Badehäusern existiert noch das von Carl Gotthard Langhans entworfene Landhaus. Der Kurpark ist ziemlich groß und durchaus ansehnlich.

Im Stadtinneren stehen ein paar hübsche Wohnhäuser aus den Zeitaltern von Barock und Klassizismus. Eindrucksvollste Kirche ist die von St. Georgen, ein Fachwerkbau von 1696 auf fast quadratischem Grundriss.

Außer Langhans haben noch andere brandenburgisch-preußische Stararchitekten in Freienwalde gebaut, als erster Andreas Schlüter, dem das Missgeschick widerfuhr, dass sein für König Friedrich I. erbautes Lustschloss während eines Gewitters von abrutschenden Sandmassen bedrängt wurde, als gerade der Monarch darin weilte. David Gilly entwarf dann jenes Gebäude, das Sitz von Königin Frie-

Schlosspark Bad Freienwalde

derike Luise wurde, Gattin des zweiten Friedrich Wilhelm, der es lieber mit anderen Weibern trieb. Der hübsche Bau hat Freitreppe und Terrasse.

Nach dem Ableben von Königin Friederike Luise diente das Schloss gelegentlich als Jagdhaus. Elise Radziwill, romantisch-unglückliche Liebe des Kartätschenprinzen und nachmaligen Kaisers Wilhelm, hat sich darin aufgehalten. Der Bau begann zu zerfallen, als ihn Walther Rathenau 1909 aus dem Besitze des Hauses Hohenzollern erwarb. Er ließ ihn aufwendig restaurieren und verbrachte manche Zeit darin.

Rathenau war einer der eindrucksvollsten Politiker, die Deutschland jemals besessen hat. Geboren wurde er 1867 als Sohn des Industriellen Emil Rathenau, der einen der großen Industriekonzerne des wilhelminischen Deutschland gegründet und geleitet hat, die Allgemeine Elektricitäts-Gesellschaft, besser bekannt unter ihrem Kürzel AEG. Auch Walther, der älteste Sohn, war zum Wirtschaftsführer bestimmt. Das wurde er auch, nachdem er zunächst versucht hatte, eine Karriere als Diplomat oder Künstler anzutreten. Der Wille des Vaters stand dagegen. Der Sohn beugte sich, übernahm verschiedene Leitungsfunktionen im väterlichen Werk und war darin ebenso energisch wie erfolgreich.

Hans Keilson

In solcher Funktion hat ihn der österreichische Romancier Robert Musil erlebt und zu einer handelnden Figur seines großen Romans »Der Mann ohne Eigenschaften« gemacht. Er heißt hier Arnheim, ist »ein vornehm bedachter Mann von phönikisch-antikem Typus« und verkörpert die »Vereinigung von Kohlekraft und Seele«. Nämlich, Rathenau fand neben seiner Managertätigkeit noch Zeit und Gelegenheit, allerlei Schöngeistiges hervorzubringen, »Vom Reich der Seele« heißt eine seiner längeren essayistischen Arbeiten. Er schrieb über Ethik und Wirtschaft, über Krieg und Frieden und Gerhart Hauptmann, mit dem er persönlich bekannt war, so wie mit dem expressionistischen Dichter Fritz von Unruh. Es gibt Verse von ihm selbst, die gar nicht übel sind und jedenfalls besser als die von Blüthgen: »Brecht auf, ihr Herzen, ungewohnt zu klagen / Ihr

Stirnen, lernt euch neigen...« Die Gesamtausgabe seiner Schriften, 1925 von S. Fischer verlegt, umfasst fünf Bände.

1914 berief der antisemitische Kaiser Wilhelm ihn, den Juden, zu einem Hauptverantwortlichen für die deutsche Rüstungswirtschaft. Den weiteren Verlauf des großen Völkermordens hat Rathenau vielfach unterstützt, auch publizistisch. Er war mitbeteiligt an der Gründung der kriegswichtigen Leunawerke. Er suchte Schulterschluss mit dem brutal-chauvinistischen General Erich Ludendorff.

Die Niederlage von 1918 bewirkte eine radikale Veränderung. Der rechtsnationalistische Propagandist wurde zum Liberalen, der Mann des Kriegs zum Mann des Friedens, der Großindustrielle zum Kapitalismuskritiker. Mitbegründer der erzliberalen Deutschen Demokratischen Partei, saß er als Minister im Kabinett von Reichskanzler Joseph Wirth und vertrat das besiegte Deutschland auf internationalen Konferenzen. Mit Lenins Sowjetrussland handelte er 1922 der Vertrag von Rapallo aus, der beiden Staaten mehr außenpolitische Handlungsfreiheit bescherte.

Storch im Oderland

Von nationalistischer Seite wurde er ständig attackiert. Dort sang man: »Knallt ab den Walther Rathenau, / Die gottverdammte Judensau!« Der Aufforderung folgte die Tat: Im Juni 1922 erschossen Angehörige eines Freikorps Walther Rathenau auf offener Straße.

Seither gilt er als Märtyrer der deutschen Demokratie, was er war und was er nicht war. Nach 1918 hätte er auch bei seiner früheren Haltung bleiben können und darin viele Verbündete gefunden. Opportunismus als Erklärung für seinen Wandel scheidet aus. Mit der nüchternen Einsicht in die veränderte politische Lage allein lässt es sich auch nicht erklären.

Sein erster Biograf Harry Graf Kessler sah ihn so:

»Die gläserne Wand, die er schon als Kind begonnen hatte, zwischen sich und den Menschen zu ziehen, wurde jetzt auch für ihn undurchsichtig … Wie ein Ertrinkender greift er aus seiner Einsamkeit nach jeder Hand, die sich ihm zu bieten scheint. Zufallsbekanntschaften erblühen plötzlich über Nacht zu überschwänglich gefeierten Freundschaften, die ebenso schnell wieder welk werden und in das Schattendasein seiner älteren Beziehungen zurücksinken.«

Politische Umorientierung aus Selbstisolierung und seelischer Not? Wenn es so war, gab es persönliche Ursachen dafür, die Kessler freilich nicht nennt.

Walther Rathenau war offensichtlich homosexuell, eine zu seiner Zeit strafbewehrte Neigung. Er hat sie radikal unterdrückt und verdrängt. Ebenso wäre er gern mit seinem Judentum umgegangen, was nicht gut möglich war, da alle Welt davon wusste. Als junger Mann veröffentlichte er einen hochproblematischen Text, der ein Dokument jüdischen Selbsthasses ist. Später sagte er: »In den Jugendjahren eines jeden deutschen Juden gibt es einen schmerzlichen Augenblick, an den er sich zeitlebens erinnert: wenn ihm zum ersten Male voll bewusst wird, dass er als Bürger zweiter Klasse in die Welt getreten ist und keine Tüchtigkeit und kein Verdienst ihn aus dieser Lage befreien kann.«

Er wollte sich gleichwohl daraus befreien. Die entschiedene Hinwendung zur Sache der Republik war der letzte dieser Versuche.

Nach Freienwalde zog er sich zurück, wenn er Ruhe suchte und Gelegenheit zum Nachdenken: über die Verhältnisse, über sich selbst. Er hat auch gemalt und war darin nicht ungeschickt, ein Halbdutzend seiner Bilder hängt im Schloss, ein Selbstportrait, ein paar Landschaften, die ein wenig an die Arbeiten von Gabriele Münter erinnern. Zu seinen Künstlerfreunden gehörten Maler wie Lovis Corinth und Edvard Munch. Ein originaler Manet aus seinem Besitz hängt in Schloss Freienwalde.

Munch schuf das bekannteste Porträtbildnis von Rathenau, ein großformatiges Tableau. Zu sehen ist ein hochgewachsener Mann in dunklem Dreiteiler, die linke Hand in der Hosentasche, Zigarre in der Rechten. Er steht sehr aufrecht. Das Haar ist gelichtet, der Spitzbart gepflegt. Höchst distanziert blickt er dem Betrachter entgegen oder, mit Kessler: »Rathenau strahlt eine sonderbare Kühle aus; doch ihm gegenüber bleiben nicht viele kühl: man muss ihn hassen oder lieben – oder auch zu gleicher Zeit beides. Das war sein Verhängnis im Leben, dass die kühle Abgeklärtheit, die er um sich verbreiten wollte, ihm als Liebe oder Hass wieder entgegenschlug.«

Edvard Munch: »Walther Rathenau«, Gemälde von 1907

Strategie des kontrollierten Schrumpfens

Liebe Frau L.,

seien Sie bedankt für Ihren Brief und die freundlichen Worte, die Sie meinem letzten Buch widmen, dergleichen tut einem Autor immer gut. Nun erwähnen Sie, eher nebenher, Sie hätten vor vielen Jahren, noch zu Zeiten der DDR, bei einem Leipzig-Besuch im Theater eines meiner Stücke gesehen, das in einer namenlosen Stadt spielt. Sie wollen wissen, ob es sich dabei um Schwedt an der Oder handelt und ob ich sagen könne, wie es heute dort zugeht.

Ich bin Ihnen einigermaßen dankbar für Ihre Frage. Sie bringt mich dazu, ein wenig in meiner Vergangenheit zu kramen, der älteren und der jüngeren.

Das Stück, das Sie erwähnen, erzählte vom Entstehen eines Chemiewerkes in einer zuvor gottverlassenen Gegend. Es war einer meiner Versuche, die Wirklichkeit im ostdeutschen Staat so wiederzugeben, wie sie tatsächlich war, und nicht so, wie die herrschende Politbürokratie sie zu sehen wünschte. Also erzählte ich lauter Geschichten von Unglück und Scheitern, aber da ich sie (mein heimliches Modell war Anton Tschechow) in die Form einer Komödie tat, kam die Sache durch und wurde viel gespielt.

Ich bin zuvor, um ein reales Modell zu haben, wiederholt nach Schwedt gefahren, in das zu jener Zeit noch nicht völlig fertig gestellte erdölchemische Kombinat. Ich habe mich dort umgetan und mit Leuten geredet. Ich habe mir Technologien erklären lassen. Ich habe eine mit Chemie versetzte Luft geatmet, die mir nicht besonders bekömmlich erschien.

Schwedt war eine melancholische Gegend. Es gab eine bescheidene industrielle Grundierung, vermöge des Schiffshebewerks in Finow, aber das diente dem Verkehrswesen und nicht der materiellen Produktion. In Schwedt wurde Tabak hergestellt, Ausgangs-

Schiffshebewerk in Niederfinow

Erdöl-Raffinerie

87

material von Zigaretten, die, für die DDR, die französische Gauloise imitierten, also schwarz und stark waren und ätzend rochen. Gleichwohl, sie fanden bei Ost-Intellektuellen ihre dankbaren Abnehmer. Schwedt besaß lange das überhaupt größte Tabakanbaugebiet auf deutschem Boden, einst angelegt von Hugenotten, was die Hinwendung zur Gauloise erklären mag.

In der Stadt stand damals (und steht immer noch) ein kleiner gelber Barockbau: das ehemalige Jagdschloss Mon Plaisir. Darin saß eine Nebenlinie der Brandenburg-Preußen regierenden Hohenzollern, einer von ihnen war jener Markgraf Christian Ludwig, dem Bach seine sechs Brandenburgischen Konzerte zueignete. Der letzte der Schwedter Markgrafen hieß Friedrich Heinrich und zeigte sich besonders kunstsinnig, mit einem Sinn fürs Theater. Die Linie starb mit ihm aus.

Zur Geschichte der Stadt gehört noch ihr hochdramatisches Schicksal in den letzten Tagen des Zweiten Weltkriegs. Zwei Monate lang wurde sie gegen die anrückende Rote Armee verteidigt, unter dem Kommando eines SS-Offiziers namens Otto Skorzeny. Er gehörte zu jenen besonders brutalen Österreichern in Hitlers Gefolge, wie Adolf Eichmann und Ernst Kaltenbrunner; ihm gelang es 1943, den abgesetzten italienischen Faschistenführer Benito Mussolini aus dem von Amerikanern teilweise schon besetzten Italien herauszuholen, worauf der Duce sein kurzlebiges Regime in Salò am Gardasee begann. 1945 wurde er von seinen Landsleuten gelyncht. Skorzeny starb erst 1975, in Madrid, rechtzeitig geflüchtet unter den Schutz des faschistischen Diktators Franco.

Die zwei Monate Skorzeny sorgten dafür, dass Schwedt bei Kriegsende zu fast neun Zehnteln zerstört war. Der Wiederaufbau erfolgte im Zeichen einer nachhaltigen Industrialisierung.

Sie sind zu jung, liebe Frau L., um sich der damaligen Zustände erinnern zu können, und Sie leben in Ludwigsburg, wo ohnehin alles anders stand. Die DDR, das kleine Staatswesen von Stalins Gnaden, war ein ausgepowertes Stück Europa ohne nennenswerte materielle Ressourcen. Die wirtschaftliche Chance zu einer wie auch immer

Schwedter Schloss, um 1669

`BA 183-N1223-0002`

geartteten Autonomie bestand im Aufbau einer eigenen Industrie. Neubauviertel, 1974
Dies geschah ganz nach sowjetischem Vorbild, und ein wenig vom
Ethos der frühen Lenin-Jahre, die wir aus künstlerischen Zeugnissen
kennen, gab es damals auch in der DDR. Ich gestehe, dass ich als
junger Mensch dafür nicht ganz unempfindlich war, wobei meine
Neigung sich eher ästhetisch orientierte, etwa durch die Prosa von
Fjodor Gladkow. Manchen meiner Generationsgefährten erging es
ähnlich, ich denke an Volker Braun und Heiner Müller.

In Schwedt begann eine Papierfabrik mit ihrer Produktion. Papier bedarf zu seiner Herstellung großer Mengen Wassers, das hier
die Oder liefert. Die DDR verfügte für ihre ökonomischen Vorhaben
außer der unergiebigen Braunkohle über keine fossile Energiequel-
le. Also bezog sie Erdöl aus Sibirien, über eine insgesamt zweitau-
sendsiebenhundert Kilometer lange Pipeline, die durch Russland,
die Ukraine und Polen führte und den Namen Sojus trug, das russische Wort für Union. Ihre Endstation lag unmittelbar hinter der
polnisch-deutschen Grenze, in Schwedt. Das Erdöl wurde an die-

Landschaft bei Schwedt

ser Stelle weiterverarbeitet, in dem erwähnten petrolchemischen Kombinat. Dessen Aufbau war eine der großen industriellen Investitionen, die der Staat DDR zustande brachte. Ein wenig erinnert er an den Aufbau der Leunawerke während des Ersten Weltkriegs durch die Berliner Industriellenfamilie Rathenau.

Ich, in technologischen Dingen der vollkommene Laie, war bei meinen Besuchen einigermaßen beindruckt von der Dimension des Werkes. Ich fand, die chemischen Anlagen mit dem Geflecht ihrer blanken Rohrleitungen besäßen eine Art düster-surreale Ästhetik, ich musste an Bilder des von mir geschätzten Malers Fernand Léger denken. Ich ließ mich in die Kommandozentrale des Güterzugverkehrs bringen, wo man mir an großen Tafeln und Plänen (es gab noch keine Computer) die hochkomplizierte Logistik der Abtransporte beschrieb.

Ich wurde zum Werksmittagsessen eingeladen. Zu meiner insgeheimen Verblüffung sah ich, wie das Führungspersonal über eine eigene, nur ihr zugängliche Mensa verfügte, die viel besser ausgestattet war und in der viel besser gespeist wurde als in der Kantine für die Arbeiter, was dem Geist einer sozialistischen Egalität entschieden widersprach. Draußen, in der Stadt Schwedt, standen für die von überallher geholten Arbeitskräfte viele Wohnblocks, DDR-typische Plattenbauten, normiert, einförmig und trist.

Damals wusste ich nicht, dass sich in Schwedt außerdem ein Gefängnis der Nationalen Volksarmee befand. Später habe ich Berichte gelesen, wie es darin zuging: ähnlich schlimm oder noch schlimmer als in den üblen DDR-Knästen sonst.

Mein Name ist geblieben
Mein Haar ist geblieben
Meine Fingerabdrücke sind geblieben

Doch im Gefängnis
Gab es Nachmittage, da wollte ich sterben
Und ich wusste schon
Wie

Verse des inzwischen verstorbenen, einst in der DDR inhaftierten Schriftstellers Jürgen Fuchs. Die DDR ist auch an der Unmenschlichkeit ihrer Strafverfolgungsmethoden zugrunde gegangen und dies völlig zu Recht.

In Schwedt hat jenes Ende viel verändert. Die Papierfabrik produziert weiter, nunmehr privatisiert und unter dem Kürzel LEIPA. Auch die Erdölverarbeitungsanlagen arbeiten weiter, heißen jetzt PCK Raffinerie und gehören mehreren europäische Konzernen. Produkte waren und sind die üblichen der Rohölverarbeitung: von Benzin über Kerosin bis Bitumen. Das Kombinat beschäftigt eintausendzweihundertfünfzig Arbeitnehmer. Fünfundsiebzig selbständige Betriebe entstanden auf dem weitläufigen Firmengelände und geben weiteren zweitausend Leuten Arbeit.

Die Gesamtbevölkerung Schwedts ist dessen ungeachtet drastisch zurückgegangen, seit 1990 um mehr als ein Drittel. Die leer

Straßenrand

stehenden Plattenbauten wurden abgerissen, man nannte das, etwas euphemistisch, die »Strategie des kontrollierten Schrumpfens«. Die Grundfläche blieb die einer Großstadt, derart ging der Zusammenhalt der Wohnquartiere oft verloren, und Stadtbrachen entstanden.

Zuletzt kam ich vor drei Jahren nach Schwedt. Das dortige Theater wollte jenes Stück spielen, das ich einst in der Anschauung Schwedts verfertigt hatte. Ich fuhr herum in den langen und entschieden zu breiten Verkehrswegen der Stadt. Von rechtsextremen Ausschreitungen, die sich Ende der neunziger Jahre hier begeben hatten und damals überregionale Schlagzeilen machten, konnte ich nichts entdecken. Ich ging durch Innenstadtstraßen mit Geschäften und Restaurants, alle recht bescheiden, offenbar waren die Umsätze gering. Ich kam zum Theater.

Die Uckermärkischen Bühnen nutzen ein Gebäude, das die DDR an jene Stelle setzte, wo zuvor die Ruine des markgräflichen Schlosses gestanden hatte. Es handelte sich um eines der DDR-üblichen Kulturhäuser mit ihrem präpotenten und nunmehr verschlissenen Pathos, das alle Repräsentationsbauten der DDR zeigen und das mittlerweile manche Architekturhistoriker entzückt. Das Theater-Ensemble beschäftigte viele junge Leute. Einige kamen aus der Schweiz. Sie alle waren schlecht bezahlt, was sie mit viel Enthusiasmus bei der Arbeit entgalten. Zu Ostern gab und gibt man alljährlich beide Teile von Goethes »Faust«.

Damals setzte ich mich in den DDR-Plüsch des Zuschauerraums. Ich sah mir Bühnenszenen an, die ich vor langer Zeit ausgedacht hatte über längst vergangene Zustände. Ich musste nicht vor Scham erröten, denn unglaublicherweise funktionierte das Stück immer noch, wenigstens hier. Das Publikum erkannte darin die eigene Vergangenheit und schien sich dessen zu freuen. Die Inszenierung, die ihre Darsteller in eine für sie unbekannte Welt versetzte, war auf angenehme Art verfremdet.

Ich saß neben dem früheren Intendanten des Hauses. Stockend erzählte er mir, er habe einst, in der DDR, die Absicht gehabt, das

Finowkanal

Stück spielen zu lassen, aber das sei ihm von der vorgesetzten Kulturbehörde verboten worden, da der Autor politisch missliebig sei. Ich vernahm es achselzuckend.

Zuvor, es war ein trüber Nachmittag, und in den Straßen hing Dunst, ging ich etwas aus der Stadt hinaus. Ich spazierte auf einem Damm, der neben dem linken Oderufer verlief. Das Wasser floss zügig, war bleigrau und fast ohne Wellen. Am anderen Ufer bewegte sich ein einzelner Mensch auf einem Fahrrad. Das andere Ufer war Polen, aber von Krajnik Dolny, dem Dorf, das Schwedt genau gegenüber liegt (früher hieß das Niederkränig), war von hier aus nichts zu erkennen. Ein reger Grenzverkehr, wie ich ihn aus Frankfurt oder Görlitz kannte, fand offenbar nicht statt. Vielleicht war Krajnik Dolny zu unbedeutend.

Ich ging eine Weile. Auf dem anderen Ufer erschienen noch zwei weitere Radler und zwei Fußgänger. Im Ufergras hockten ein paar Enten. Im Sommer, wusste ich, gibt es hier Ausflügler, auf beiden Ufern, bei Schwedt beginnt der Nationalpark Unteres Odertal.

Dies, liebe Frau L., ist es, was ich Ihnen über mein Stück und über die Stadt Schwedt berichten kann. Ich fürchte, die Erzählung ist etwas ausführlich geraten. Bitte sehen Sie es mir nach. Literaten neigen zur Geschwätzigkeit, dies gehört zu ihren beruflichen Deformationen.

Nehmen Sie meine freundlichen Grüße.

Oderturm und Viadrina

Die Männer sitzen um die lang gestreckte Tafel. Manche Gesichter sind bärtig, andere glatt. Auf dem Tisch liegen statt des Brotes zwei Fische. Es ist der Vorabend des Pessachfestes, der Prediger Joshua, lateinisch Jesus, nimmt mit seinen Anhängern ein letztes vorösterliches Mahl ein. Soeben hat er ihnen mitgeteilt, einer der Jünger werde ihn verraten. Judas Ischariot fühlt sich ertappt. Er greift nach dem Beutel mit den Silberlingen, seinem Verräterlohn.

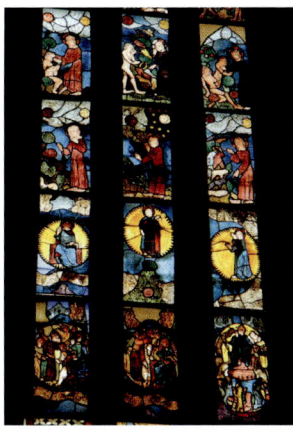

Chorfenster der Marienkirche

Die Darstellung, farbig und auf Glas, ist eines von insgesamt hundertsiebzehn Bildern im Chor der Marienkirche, des mittelalterlichen Gotteshauses von Frankfurt an der Oder. Drei der hohen, in Spitzbögen auslaufenden Fenster erzählen biblische Geschichten: Szenen aus der Schöpfung, Szenen vom Wirken des Antichrist aus der Apokalypse, Szenen aus der Lebens- und Leidensgeschichte des Heilands. Ihr ist das mittlere Fenster gewidmet, das auch Parallelen zum Alten Testament zieht, in einer gleichsam bildgewordenen Konkordanz. Als die Fenster erstmals eingesetzt wurden, Mitte des 14. Jahrhunderts, waren die meisten Gläubigen Analphabeten. Sie lasen die Bibel aus Bildern. Die Chorfenster von St. Marien boten sie.

Die zweite Einsetzung der Fenster geschah nach dem Jahre 2007. Zuvor hatten sie sich in Russland befunden, wie andere Kunstgüter, die sowjetische Soldaten nach 1945 auf Stalins Geheiß in die damalige Sowjetunion verbracht hatten. Der Rückkehr gingen lange Verhandlungen voraus. Die Bleiglasbilder mussten teilweise restauriert werden. Nun befinden sie sich wieder an ihrem ursprünglichen Platz.

Ich stehe davor. Ich versuche die einzelnen Szenen zu erkennen, was ein etwas anstrengendes Vorhaben ist. Ein paar Klappsessel sind aufgestellt für Leute, die sich länger in den Anblick vertiefen

Hauptportal der Viadrina

Heinrich von Kleist, 1801

möchten. Während der Viertelstunde, die ich hier stehe, bin ich der einzige Besucher.

Ich erinnere mich, wie ich vor fast zwei Jahrzehnten in diesem Gotteshaus stand. Man hatte mich eingeladen zu einem Vortrag. Restauratoren und Kirchenleute waren erschienen, um, die deutsche Wiedervereinigung war eben vollzogen, über die Aufgaben von Denkmalpflege zu beraten, es ging um Bausünden der untergegangenen DDR, um Walter Benjamins Originalitätsbegriff, um die mögliche oder unmögliche Rückgewinnung völlig verschwundener Architekturen. Die Luft war eisig. St. Marien war erst in Teilen wiederhergestellt. Wir standen und saßen in Mänteln, die Redner hatten Atemwölkchen vor dem Mund.

Jetzt verlasse ich St. Marien. Draußen sind Baugitter aufgestellt, der Straßenboden ist aufgewühlt, zwei orangefarben gekleidete Asiaten hantieren an ihren Vermessungsgeräten. Ich gehe zurück zur Hauptmagistrale von Frankfurt, die weiterhin nach Karl Marx heißen darf und in der, obschon die Straße Überbreite hat, der Fahrzeugverkehr auf dreißig Stundenkilometer beschränkt wurde und nur träge fließt.

Berühmtester Sohn der Stadt war der Dichter Heinrich von Kleist. Er hat elf Kindheitsjahre hier zugebracht. Damals war die alte Handels- und Hansestadt längst eine preußische Garnison geworden, Lieferant von Militärpersonal, auch Kleist wurde zunächst Offizier. Nach seiner Entlassung hat er noch einmal ein Jahr lang in Frankfurt studiert.

Ich selbst kenne die Stadt seit mehr als vierzig Jahren. Bis 1989 war sie Zentrum eines DDR-Verwaltungsbezirks, in dem ich meinen Wohnsitz hatte. Zuweilen war ich genötigt, nach Frankfurt zu fahren, um Behördendinge zu erledigen. Ich fuhr an vielen DDR-Plattenbauten entlang. Ich fuhr auf einer zur Oder hin schräg abfallenden Straße. Ich absolvierte meine Amtswege und ging danach zum Oderufer. Ich blickte auf das Wasser. Ich sah den schwarz-rot-goldenen Grenzpfahl mit dem metallenen DDR-Wappen. Auf dem anderen Ufer begann ein anderes Land.

Früher war dort drüben die Dammvorstadt von Frankfurt gewesen. Im Frühjahr 1945 hatte sie sich völlig von Menschen entleert. Deutsche Soldaten sprengten die Stadtbrücke über die Oder, das Trommelfeuer der vorrückenden Roten Armee brachte schwerste Zerstörung. Die neue Flussquerung im Sommer war ein Behelfsbau sowjetischer Soldaten. In die verwaisten Jugendstilhäuser von Friedrichstraße und Prinzenufer zogen umgesiedelte polnische Familien. Die beiden Straßen heißen heute Jedności Robotniczej und Nadodrzańska. Die Dammvorstadt heißt heute Słubice.

Die heutige Brücke über den Fluss hat eine lange Überdachung. Hier taten bis 2007 Grenzpolizisten und Zöllner ihren Dienst. Sie überprüften Passpapiere und ließen sich die Kofferräume von Automobilen öffnen. Jetzt gehe ich an drei abgestellten deutschen Polizeifahrzeugen vorüber und vier uniformierten Män-

Oderbrücke zwischen Frankfurt und Słubice

nern, einer von ihnen ein Pole. Sie beachten mich nicht. Sie beachten niemanden. Sie stehen, reden, rauchen Zigaretten und langweilen sich.

Ich blicke auf zuckende polnische Inschriften. Sie werben für eine Bar, für ein Möbelgeschäft, die deutschen Bezeichnungen stehen neben den polnischen, gedacht für ein deutsches Einkaufspublikum. Manche Dinge sind oder waren hier preiswerter als in Deutschland, das galt zumal für Treibstoff. An der polnischen Tankstelle herrscht diesmal nur ein geringer Betrieb. Fahrzeuge mit deutschen Kennzeichen drehen Runden durch die Straßen von Słubice und kehren dann rasch über die Brücke nach Frankfurt zurück.

Die unmittelbare Nachbarschaft zu Polen, lange Zeit wenig gemocht und gerne mit hämischen Bemerkungen bedacht, erweist sich inzwischen für Frankfurt an der Oder als deutlicher Vorzug.

Europauniversität Viadrina

Polen mieten die Wohnungen in entleerten Plattenbauten. Arbeits-
lose Deutsche finden jenseits der Oder Beschäftigung. Junge Polen
studieren an der Universität Viadrina und wohnen in Słubice oder
in Frankfurt.

Die Viadrina hat eine ehrwürdige Vergangenheit. Gegründet
1506, bestand sie bis 1811; zu den Männern, die hier studiert
haben, gehören Ulrich von Hutten, Thomas Müntzer, Carl Philipp
Emanuel Bach und die beiden Brüder Humboldt. Nach Schließung
der Hochschule wechselte die Professorenschaft teils nach Berlin,
teils nach Breslau.

Die Wiedereröffnung als Europa-Universität geschah 1991. Die
Hauptfächer sind Jura, Wirtschafts- und Kulturwissenschaften,
derzeit sind fast sechstausend Studenten immatrikuliert, ein Viertel davon Polen. Die Viadrina ist eine Erfolgsgeschichte, was sich
von anderen Unternehmungen Frankfurts so nicht sagen lässt.
Eine ausgesprochene Tragödie ist die Geschichte des Halbleiter-
werks.

Es wurde 1958 gegründet, für die Produktion von mikroelektronischen Bauteilen. Zwanzig Jahre später arbeiteten dort achttausendfünfhundert Menschen. Nach der deutschen Wiedervereinigung kam der vormals volkseigene Betrieb unter die Verwaltung der Berliner Treuhandanstalt. Es gab etliche Anläufe, ihn zu privatisieren, Interessenten stellten sich ein und wanderten wieder ab, Staatsgelder flossen reichlich, im Jahr 2000 erfolgte die Insolvenz. Die Neugründung ein Jahr später trägt den Namen MSF Microtechnology Services. Sie beschäftigt vierundvierzig Leute.

Die wirtschaftliche Situation der Stadt Frankfurt an der Oder ist nicht gut. Man erkennt es an der Ausstattung der Geschäfte. Die Arbeitslosigkeit ist erheblich, die Bevölkerung schrumpft. Prognosen sagen für das Jahr 2025 eine Einwohnerzahl von bloß vierundvierzigtausend voraus, heute ist es noch ein Drittel mehr.

Oder-Hochwasser

Ich stehe wieder auf der Westseite des Flusses. Ich stehe vor dem Oderturm, in den fünfziger Jahren errichtet von der DDR, fünfundzwanzig Stockwerke mit Restaurant, Café und Bürofluchten, der Sender rbb unterhält darin ein Regionalstudio. Der Oderturm ist eine jener Renommierarchitekturen, die es in der DDR zahlreich gab, diese gilt als das derzeit höchste Bauwerk im Bundesland Brandenburg.

Der Oderturm steht nahe dem Rathaus, polnisch Ratusz. Alle wichtigen Auskünfte Frankfurts sind zweisprachig. Das Rathaus ist eine schöne backsteingotische Architektur aus dem Hochmittelalter und beherbergt neben der Stadtverwaltung eine Abteilung des Museums Junge Kunst.

Es wurde 1965 gegründet, als Galerie für bildnerische Arbeiten aus der DDR. Gelegentlich habe ich sie früher besucht. Ich sah den üblichen Sozialistischen Realismus: frohe Gesichter, pathetische Arbeitsszenen, bunte Blumen. Eingangs der siebziger Jahr entdeckte ich hier eine erste abstrakte Plastik. Sie war nicht sehr groß, ein abgerundeter Stein, das Publikum empörte sich, das sei doch bloß eine Kartoffel, und so was könne jeder.

Die augenblickliche Ausstellung heißt »Tendenz abstrakt« und zeigt, aus Museumsbesitz, die Arbeiten von dreißig Künstlern. Ich sehe Blätter von Willy Wolff. Der Dix-Schüler und alte Kommunist wurde durch die Jauche der stalinistischen Kunstkritik gezogen, da er von seinem als formalistisch denunzierten Stil nicht lassen wollte. Die Rehabilitierung der Kunstmoderne in der DDR hat er noch miterlebt. Zwei Jahre vor dem Untergang des Staates ist er gestorben.

Ich gehe vorüber an Tafelbildern, an Collagen, an Installationen. Ich lese die Ankaufsdaten, die fast durchweg zwischen 1989 und 1993 liegen. Damals reichte der Fonds Deutsche Einheit Gelder aus für derlei Zwecke, danach wurden die Mittel reduziert. In der Dreiviertelstunde, die ich hier umher gehe, bleibe ich der einzige Besucher. Der alte Herr an der Kasse scheint sich zu langweilen.

Ich bin dann auch allein im Kleist-Museum. Das Geburtshaus des Dichters existiert nicht mehr. Der schöne Barockbau in der Faber-

Oderturm

straße, prächtig hergerichtet, war einst eine Militärschule. Auch dieses Gebäude kenne ich schon lange. Ich habe die Entstehung einer Sonderausstellung miterlebt, ich habe in Veranstaltungen gesessen. Die Exposition zu Leben und Werk des Dichters ist liebevoll geordnet und etwas angestaubt: Die Bildlegenden stammen erkennbar aus dem vorigen Jahrhundert.

Museale Ausstellungen zur schönen Literatur sind schwierig. Was will man zeigen außer Drucken, Handschriften und ein paar Porträts? Hier hängen noch Theaterplakate, und von zwei Produktionen des »Zerbrochenen Krugs« sind Bühnenmodelle aufgestellt, die zugehörigen Inszenierungen fanden vor vierzig Jahren statt. Es gibt ein Gerät mit historischen Tonaufnahmen, das nicht funktioniert. Nebenan werden soeben Möbel aufgestellt, eher Biedermeier als Empire, sie sollen Kleist-Atmosphäre simulieren.

Der Dichter Heinrich von Kleist war kein glücklicher Mensch. Seine kommerziellen Unternehmen scheiterten, mit seinen literarischen Arbeiten hatte er wenig Erfolg, sein großer Ruhm ist ein

Nachruhm. In seinem Frankfurter Studentenjahr lernte er seine Braut kennen, Wilhelmine von Zenge, die Tochter eines Generals. Es blieb bei einem Verlöbnis. Einer der Menschen, die ihm wirklich nahe standen, war seine ältere Stiefschwester Ulrike. Ihr schickte er seinen letzten Brief vor seinem Selbstmord, mit der berühmten Zeile, dass ihm auf Erden nicht zu helfen sei. Aus Frankfurt schrieb er ihr, im Mai 1799:

»Tausend Menschen höre ich reden und sehe ich handeln, und es fällt mir nicht ein, nach dem Warum zu fragen. Sie selbst wissen es nicht, dunkle Neigungen leiten sie, der Augenblick bestimmt ihre Handlungen. Sie bleiben für immer unmündig und ihr Schicksal ein Spiel des Zufalls. Sie fühlen sich wie von unsichtbaren Kräften geleitet und gezogen, sie folgen ihnen im Gefühl ihrer Schwäche, wohin es sie auch führt, zum Glücke, das sie dann nur halb genießen, zum Unglücke, das sie dann doppelt fühlen.«

Für Augenblicke meine ich, eine Beschreibung der Gegenwart zu lesen.

Rathaus-Front

1941
1945

ВЕЧНАЯ СЛАВА ГЕРОЯМ
ПАВШИМ В БОЯХ
С ФАШИСТСКИМИ
ЗАХВАТЧИКАМИ
ЗА СВОБО
НЕЗАВИС
СОВЕТ
СО

Durch roten Himmel flogen sie ab

Der überlebensgroße bronzene Soldat wächst aus einem weitgehend unbehauenen, vielleicht zehn Meter hohen Steinsockel. Er
trägt um die Schultern einen ärmellosen Umhang und hält vor der
Brust eine Maschinenpistole. Der Blick unter dem Stahlhelm geht
entschlossen ins Weite.

Zu Füßen des Sockels beginnt ein immergrün bepflanzter Hügel-
hang, mit Stufen und einem gewundenen Weg. Er endet auf einem
Friedhof, den der bronzene Soldat offenbar bewachen soll. Der
Friedhof ist nicht umfangreich. Seine Gräber wirken gleichförmig.
Um die hundert von ihnen, geordnet zu drei Abteilungen, zeigen
die immer gleichen Grabmäler: helle Steine, behauen und aufrecht gestellt, die dunklen Metallplatten auf den Vorderseiten sind
schwer zu entziffern, darüber stehen fünfzackige Sterne.

Soldatengräber

Es gibt noch einen weiteren Friedhofsabschnitt, wo die Grabmäler
größer ausfallen. Das Material ist rotes Gestein, mit blattgoldener
Beschriftung. Manchmal wurden mehrere Tote in ein gemeinsames
Grab getan. Die Buchstaben sind durchweg kyrillisch, ein häufiges
Wort ist неизвестно, für unbekannt.

Dies ist ein Gräberfeld für gefallene Soldaten. Sie waren, was die
Sterne anzeigen, von sowjetischer Herkunft. Ob die Toten sämtlich
aus dem Gebiet der heutigen Russischen Föderation kamen, lässt
sich kaum mehr erkennen. Womöglich stammten sie aus Gebieten,
die inzwischen autonome Staaten sind, die Aufschrift неизвестно
steht auch dafür.

Die hier Beigesetzten, keine zweihundert, stellen nur einen
Bruchteil von jenen dreiunddreißigtausend, die einst in der Gegend
gefallen sind. Die anderen liegen bei anderen Denkmälern, oder sie
wurden unbekannt verscharrt, неизвестно. Bei den dreiunddreißigtausend handelt es sich ausschließlich um Angehörige der Roten

Monumentalplastik auf den
Seelower Höhen

Armee. Zusammen mit ihnen sind polnische Soldaten gestorben, etwa fünftausend, und es sind deutsche Soldaten gestorben, etwa zwölftausend. Letztere wurden, wenn man sie hat bestatten können, anderweitig beigesetzt, etwa im nahen Gorgast, einem kleinen Oderbruchdorf, gelegen zwischen Seelow und Küstrin-Kietz.

Angesichts von fünfzigtausend Toten wirkt der kleine Friedhof mit seinem monumentalen Soldatendenkmal fast bescheiden. Es gibt Kriegsgräberfelder, die ausgedehnter sind. Das vielleicht größte befindet sich in Nordostfrankreich, bei Verdun: ein endloses Areal, besetzt mit Tausenden gleichförmigen Kreuzen, daneben die Ruinen und schwarzen Eingänge des ehemaligen Fort Douaumont. Hier wurden zwei Weltkriegsjahre lang erbitterte Stellungskämpfe geführt, bis 1918. Die genaue Zahl der Toten lässt sich nicht mehr ermitteln, sie dürfte weit höher sein als fünfzigtausend. Das Gräberfeld von Verdun wollte die Schrecken des Krieges beweisen, jedes Krieges, und vor neuen Kriegen warnen. Es hat nichts genutzt.

Das Grabmal von Gorgast trägt ein riesiges Kreuz. Der sowjetische Friedhof am Rande des westlich gelegenen Seelow zeigt kein einziges Kreuz, auch nicht das russisch-orthodoxe mit den zusätzlichen Querbalken. Die Sowjetunion war ein konsequent antireligiöser Staat. Manche meinen, sie sei auch daran zugrunde gegangen.

»Stalinorgel«

Zugrunde richten wollte sie der deutsche Diktator Adolf Hitler. Sein Angriffskrieg gegen das riesige Land im Osten begann 1941 und schien zwei Jahre lang erfolgreich. Dann, Februar 1943, ging das schon von Deutschen eingenommene Stalingrad wieder verloren. Von da ab wichen Hitlers Heere zurück.

Zwei Jahre später hatten sie alle zuvor eroberten Gebiete räumen müssen. Im Westen verlief die Front entlang des Rheins, im Osten stieß die Rote Armee bis an das rechte Ufer der Oder vor. Hitlers Wehrmacht versuchte ein letztes Mal eine Abwehrschlacht. Sie würde vier Tage dauern, vom 16. bis zum 19. April 1945. Der folgende 20. April war ein delikates Datum: Geburtstag des deutschen Diktators, bis dahin im Land eine Art inoffizieller Festtag.

Die Marschälle auf sowjetischer Seite hießen Konstantin Rokossowski, Iwan Konjew und Georgi Schukow. Rokossowskis Truppen hatten als erste das Ostufer der Oder erreicht. Schukows Armeen rückten danach vor bis an das Ufer gegenüber den Seelower Höhen. Konjews Einheiten marschierten nach Nordwesten Richtung Lausitzer Neiße.

Die Stärke der sowjetischen Einheiten betrug zweieinhalb Millionen Mann. Verfügbar waren sechstausendzweihundertfünfzig Panzer, siebentausendfünfhundert Flugzeuge, fast zweiundvierzigtausend Geschütze.

Die hunderttausend Deutschen, die ihnen gegenüberstanden, besaßen bloß wenige Panzer und fast keine Geschütze. Ihr Oberkommandierender, Generaloberst Gotthard Heinrici, war ein erfahrener Taktiker. Er ließ die Seelower Höhen befestigen. Seine Pioniersoldaten mussten die Staubecken der Oder öffnen. Der Fluss führte bereits Frühjahrshochwasser, die Ufer verwandelten sich auf breiter Fläche in einen Sumpf.

Georgi Schukow, 1940

Frühmorgens am 16. April begann die Rote Armee mit ihrem Artilleriebeschuss. Beteiligt waren die gefürchteten Katjuschas, Mehrfachraketenwerfer, von den Deutschen Stalinorgeln genannt. Neuntausend sowjetische Flugzeuge bombardierten die deutschen Linien. Hundertdreiundvierzig Scheinwerfer wurden aufgefahren und eingeschaltet. Ihr Licht sollte, so lange Dunkelheit war, die deutschen Soldaten blenden.

Marschall Schukow erließ einen Tagesbefehl:

»Sowjetsoldat, räche dich. Verhalte dich so, dass der Einbruch unserer Armeen nicht nur den heutigen Deutschen, sondern auch ihren fernen Enkeln in Erinnerung bleibt. Denke daran, dass alles, was die deutschen Untermenschen besitzen, dir gehört. Sowjetsoldat, habe kein Mitleid im Herzen!«

Es war die brutale Erwiderung auf vier Jahre deutscher Brutalitäten, geschehen in Schukows Heimat.

Nach dem Ende des Bombardements auf die Seelower Höhen begann der sowjetische Angriff. Er scheiterte zunächst. Schukow musste Reserven mobilisieren. Am Abend hatte er einen Geländegewinn von sechs Kilometern erzielt, die deutschen Linien zeigten sich intakt. Der Marschall zog weitere Truppen zusammen. Stalin hatte von ihm einen schnellen Sieg verlangt. Da im Westen Deutschlands die amerikanischen und britischen Truppen unaufhaltsam auf dem Vormarsch waren, zählte für Moskau jeder Tag.

Ein neuerlicher Frontalangriff der Einheiten Schukows war wieder verlustreich. Die Deutschen hielten ihre Stellungen nach wie vor. Der Wendepunkt des Geschehens fiel auf den 19. April. Im Nordabschnitt der Front hatten die Armeen Marschall Konjews die deutsche Abwehr niedergewalzt. Dies wirkte sich unmittelbar auf die Kämpfe bei Seelow aus, wo Schukows Einheiten endlich der Durchbruch gelang.

Sie erreichten und besetzten die Höhen. Die deutsche Ostfront löste sich auf. Dem sowjetischen Vormarsch auf Berlin stand nichts Wesentliches mehr entgegen. Eine Woche später war die deutsche Reichshauptstadt von der Roten Armee eingeschlossen.

Soweit die Fakten. Was sich dahinter an Schmerz, Verzweiflung, Verwundung und Tod verbirgt, sagen sie nicht. Die Schlacht auf den Seelower Höhen gilt als die mit Abstand größte Kriegshandlung, die auf deutschem Boden je stattfand.

Aus den Aufzeichnungen des sowjetischen Generalobersten Wassili Tschuikow:

»Die ganze Oderniederung scheint zu schwanken. Eine Wand aus hochgewirbeltem Staub und Rauch reicht bis zum Himmel. In den Reihen unserer Armee war die von Artilleriefeuer hervorgerufene Helligkeit so grell, dass wir auf dem Gefechtsstand im ersten Augenblick gar nicht bemerkten, wie auch die Scheinwerfer das Kampffeld beleuchteten (...).«

Aus den Aufzeichnungen des deutschen Leutnants Tams:

»Unser Auftrag war eindeutig: Den Ort Seelow verteidigen, wenn nötig einschließen lassen und so lange wie möglich Kräfte binden.

Sowjetische Artillerie vor Berlin im April 1945

Dies war ein Himmelfahrtskommando. In der Nacht zum 16. April um 3.00 Uhr morgens eröffneten tausende Geschütze gleichzeitig das Feuer. Wir hatten den Eindruck, dass jeder Quadratmeter Erde umgepflügt würde ... Ein Durchbruch konnte nur unter großen Opfern auf unserer Seite verhindert werden. Jeder 5. meiner Männer war gefallen, vermisst oder verwundet (...).«

Aus einem Gedicht des deutschen Lyrikers Peter Huchel:

Es schwenkten dröhnend die Geschwader.
Durch roten Himmel flogen sie ab,
Als schnitten sie des Mittags Ader.
Ich sah es schwelen, fressen, brennen –
Und aufgewühlt war noch das Grab.
Hier war kein Gesetz! Mein Tag war zu kurz,
Um Gott zu erkennen.

Die Erinnerung an die viertägige Schlacht versucht auch die Gedenkstätte Seelower Höhen zu bewahren. Sie liegt zwei Kilometer außerhalb der Stadt Seelow. Der sowjetische Soldatenfriedhof ist von der Gedenkstätte ein Teil.

Es gibt ein Museumsgebäude und, vor dessen Eingang, einen mit Steinplatten ausgelegten Platz. Darauf stehen Militärgerätschaften: ein sowjetischer Panzer, eine sowjetische Raketenbatterie, ein sowjetischer Granatwerfer, ein Scheinwerfer. Das Museum ist ein flaches Gebäude und zeigt, was dergleichen Einrichtungen zu zeigen pflegen: Uniformen, Waffen, Militärorden, Faksimiles, Plakate, Schrifttexte, Fotografien. Die Uniformen sind solche von sowjetischen und solche von deutschen Truppen. Sie liegen in Vitrinen. Die Fotos, fast alle schwarzweiß, zeigen Kampfgeschehen, Zerstörungen, sie zeigen Lebende und Tote, viele Tote.

Die riesige Bronze auf der Hügelspitze stammt von dem sowjetischen Bildhauer Lew Jefimowitsch Kerbel. Er war spezialisiert auf Monumentalplastiken. Marschall Schukow gab ihm den Auftrag, drei Denkmäler zu schaffen, die den Weg der sowjetischen Armee-

Blick über die Oder auf Reste der Festung Küstrin

einheiten zwischen Oder und deutscher Hauptstadt markieren sollten.

In Küstrin, wo den Sowjets ihr erster Brückenkopf über die Oder
gelungen war, stellte Kerbel einen riesigen Obelisken auf. In den
Berliner Tiergarten setzte er das pompöse Panzerdenkmal. Die Statue auf den Seelower Höhen sollte an den dortigen Sieg des Mar-
schalls erinnern.

Die DDR-Führung zeigte sich von den Schöpfungen des mit höchsten Staatspreisen ausgezeichneten Lew Jefimowitsch derart ange-
tan, dass sie ihrerseits Aufträge an ihn vergab. Von Kerbel stammt
das Ernst-Thälmann-Denkmal im Berliner Bezirk Prenzlauer Berg.
Von Kerbel stammt der riesige Karl-Marx-Kopf in Chemnitz, das
bis 1989 Karl-Marx-Stadt hieß; mit der Rückkehr des alten Stadt-
namens sollte die Plastik eigentlich verschwinden. Die Chemnitzer
wehrten sich. Sie wollten den »Nischel« behalten. Heute ist er eine
Touristenattraktion.

Auch das Thälmann-Denkmal steht unangefochten, so wie das
Panzerdenkmal, der Bronzesoldat auf den Seelower Höhen sowieso. Nur Küstrin, das heute polnisch ist und Kostrzyn heißt, hat 2008
den von Lew Jefimowitsch Kerbel verfertigten Obelisken entfernt.

Straße von Küstrin nach Seelow

Lago di Saarow

Viele Jahre ist es her, da besuchte mich ein mir flüchtig bekannter Schulmann aus Hessen. Gemeinsam fuhren wir im Wagen nach Bad Saarow. Wir wollten dort ein Haus besehen, das einmal dem Großvater meines Besuchers gehört hatte. Dieser Vorfahr hatte Georg Michaelis geheißen, war ein studierter Jurist gewesen und eine Weile in Tokio Lehrer an der dortigen Universität. Dann hatte er eine steile Karriere im preußischen Staatsdienst genommen, um schließlich, 1917, der Nachfolger Theodor von Bethmann Hollwegs im Amt des deutschen Reichskanzlers zu werden. Alsbald verfing er sich in den beginnenden Friedensinitiativen und scheiterte zusätzlich an seinem eigenen innenpolitischen Konservatismus. Schon nach drei Monaten musste er von seinem hohen Amt zurücktreten. Später war er noch Oberpräsident in Pommern. 1936 ist er in Bad Saarow gestorben.

Scharmützelsee-Villa

Sein Haus am Seeufer zeigte sich groß, dunkel und recht eindrucksvoll. Später dürfte es der Gegenstand einer der in Bad Saarow besonders häufigen Restitutionsansprüche geworden sein. Seit ich damals davor stand, wurde für mich die Ortschaft zu einem Symbol für politisch bedingte Vergänglichkeit.

Das Binnengewässer, an dessen nördlichem Ufer es liegt, heißt Scharmützelsee. Der Name hat nichts mit militärischen Begegnungen zu schaffen, sondern ist, wie die meisten Flurbezeichnungen der Mark, von westslawischem Ursprung: Scormicely heißt Eintrübung. Die Gesamtfläche des Sees misst etwas mehr als zwölf Quadratkilometer, die Länge zehn und die Breite anderthalb Kilometer. Die Tiefe ist unterschiedlich und beträgt an einigen Stellen fast dreißig Meter. Der Scharmützelsee ist das zweitgrößte unter den über zweihundert Binnengewässern im Land Brandenburg.

Scharmützelsee

An der Südspitze, sozusagen Bad Saarow gegenüber, befindet sich die Ortschaft Wendisch-Rietz. Dass unter Adolf Hitler der Name umgewidmet wurde in Märkisch-Rietz, hatte mit der Slawophobie der Machthaber zu tun. Die waren nicht nur engstirnig, sondern außerdem ungebildet: Auch Rietz ist ein slawisches Wort, Rycz bedeutet Graben oder Rinne. Eine geologische Rinne ist der Scharmützelsee in der Tat, entstanden, wie alle märkischen Seen, während und nach der letzten Eiszeit. Gelegentlich verwendet die Touristenwerbung die Bezeichnung »märkisches Meer«. Sie geht auf Theodor Fontane zurück, der im April des Jahres 1881 hierher seine Erkundungsreise unternahm.

Er kam aus Fürstenwalde, benutzte die Pferdekutsche und wollte zunächst die Markgrafensteine bei Rauen besuchen. Sie sind die größten Findlinge in der Mark und hatten bereits das Interesse des Naturforschers Johann Wolfgang Goethe erregt. Der meinte, die Steine könnten »alleine wegen ihrer Lage auf dem Rauischen Berg und wegen ihrer Größe nicht von Weitem gekommen sein«, was nichts anders sagen will, als dass Goethe nicht an eine glaziale Verschiebung glaubte. Er war Neptunist und also der (falschen) Meinung, die Markgrafensteine seien als Meeressediment entstanden.

Die steinerne Schale, die, von Schinkel angeregt, vor das Alte Museum in den Berliner Lustgarten gesetzt wurde, war aus Rauener Granit gefertigt. Die Steinbrucharbeiten gingen zu Lasten des ursprünglichen Umfangs. »Und das sollte nun einer der berühmten Markgrafensteine sein, eines der sieben märkischen Weltwunder! Ich hatte mir diese Steine halb memnonssäulenartig oder doch wenigstens als ein paar von der Natur gebildete Riesenobelisken gedacht und sah nun etwas Zusammengekauertes daliegen, das genau den Eindruck eines toten Elefanten auf mich machte.«

So Fontane. Danach reiste er weiter an den Scharmützelsee.

Der hatte sich einst im preußischen Staatsbesitz befunden, war aber vom Fiskus veräußert worden an einen Herrn von Löschbrandt, zum Preis von zweitausend Talern. Dies war für den Käufer

ein mehr als vorteilhaftes Geschäft, wiewohl die beiden Gutsdörfer Altes Gutshaus in Saarow Dorf
Saarow und Pieskow, miteinander durch eine Fähre verbunden, zu-
nächst noch überaus kümmerliche Ansiedlungen waren. Es gab ein
wenig Landwirtschaft, es gab den Holzeinschlag und den Fischfang.
Fontane zitiert den Ausspruch eines Saarower Bewohners, im heute ausgestorbenen märkischen Platt: »Veel is hier nich in Saarow.«
Allerdings: »In Pieskow da möt wat sinn.« Darauf die Entgegnung
eines Pieskowers: »Nei, nei, mit Pieskow is nich veel.«

Von den zivilisatorischen Zuständen, die Fontane erlebte, existiert heute bloß noch das ehemalige Guthaus im Ortsteil Saarow
Dorf, ein hübsches eingeschossiges Fachwerkgebäude, 1723 errichtet und später mehrfach restauriert.

1905 erwarb eine große Berliner Bank die Güter Saarow und
Pieskow und erschloss sie als Bauland. Sommerhäuser und Villen
entstanden, für betuchte Hauptstädter. Die Ortschaften wurden
elektrifiziert und an das Wasserversorgungsnetz angeschlossen.
Bis dahin war Saarow bloß mit dem Pferdeomnibus erreichbar

Fritz Cremer: Statue Johannes R. Becher

gewesen, nun fuhr dorthin die Eisenbahn, ab 1911. Das Saarower Stationsgebäude entstand, erbaut von einem Architekten namens Emil Kopp im sogenannten Heimatstil, mit Fachwerk und Zitaten des preußischen Klassizismus. Der Vorplatz erhielt seine gediegene Gestaltung. Er sollte, wie der verantwortliche Landschaftsgärtner sagte, ein Platz sein, »bei dessen Betreten der Ankommende den feinen Hauch verspürt, der dieser Siedlung ihren eigenen Charakter« gibt.

1912 wurde das Raseneisensteinmoor entdeckt und alsbald für Heil- und Kurzwecke genutzt. Ein Kurhaus stand bereits, ebenso war ein Strandbad im Betrieb. 1927 wurde in hundertfünfundsiebzig Metern Tiefe eine Chlor-Kalzium-Quelle entdeckt und für das medizinische Geschäft erschlossen. 1932 sahen sich die ursprünglich selbständigen Nachbargemeinden Saarow, Pieskow und Silberstein in einen einheitlichen Ortsverband des offiziellen Namens Bad Saarow-Pieskow zusammengeschlossen.

Die Konjunktur von Saarow-Pieskow blieb unaufhaltsam. Hotels und Pensionen öffneten. Immer mehr Villen wurden gebaut. Ein deutliches Klima von Neureichtum überzog die Gegend, Fabrikanten, Kaufleute, Staatsbeamte wanderten zu, Filmstars wie Käthe Dorsch, Gustav Fröhlich, Victor de Kowa und Anny Ondra, letztere zusammen mit ihrem Ehemann, dem Box-Champion Max Schmeling. Es gab eine Künstlerkolonie, und auch Nazi-Führer suchten hier Quartier. Weiße Ausflugsdampfer schipperten Tagesausflügler den schönen großen Scharmützelsee hinab und wieder zurück.

Eine in der östlichen Mark Brandenburg sonst unübliche Mondänität brach aus. Das Nordufer vor Wald und Hügeln, die Strandwege, Gärten, Villen, die zumeist großzügig angelegten Straßen stellten dazu die anmutige Kulisse. Fast erinnerte es ein wenig an den Starnberger See, obschon der Alpenhintergrund fehlte. Gleichviel: Der aus München gebürtige Johannes R. Becher, ein Mensch von sentimentaler Heimatneigung, suchte sich 1948 einen seiner mehreren Sommersitze aus vermutlich diesem Grunde in Bad Saarow und nannte ihn sein »Traumgehäuse«.

Seine administrative Tätigkeit als DDR-Kulturminister und Mitglied im SED-Zentralkomitee hinderte ihn nicht am fleißigen Reimen. Er erzeugte seine Lyrik wie die Fische im Scharmützelsee ihren Laich. Viel Schrecklich-Peinliches war darunter und doch, der Literaturwissenschaftler Hans Mayer hat darauf aufmerksam gemacht, gelang ihm immer wieder die eine und andere bemerkenswerte Strophe. Die Verse, mit denen er das Ufer des Scharmützelsees besang, gehören nicht dazu: »O Saarow Strand und Lilli überall (...).«

Lilli war die angetraute und häufig betrogene Gefährtin Bechers, übrigens eine erzgescheite und recht sympathische Frau.

Das Becherhaus wurde nach dem Tod des Ministers Gedenkstätte. Der Bildhauer Fritz Cremer goss den toten Poeten in Bronze und stellte ihn 1964 auf Bad Saarows Schwanenwiese. Der literarische Ruf von Saarow-Pieskow hängt außerdem am Namen eines ande-

Bahnhof Bad Saarow

ren Dichters. Er war ein politischer Gesinnungsgefährte Johannes R. Bechers, im literarischen Rang freilich etwas bedeutender.

Maxim Gorki, Psalmodist des altrussischen Sozialelends, litt seit den Zuständen seiner armseligen Jugend an Tuberkulose. Seine bald reichlich fließenden Tantiemen erlaubten es ihm, dass er auf der Halbinsel Krim kurte, auch auf der Mittelmeerinsel Capri, und 1922/23 weilte er zu Erholungszwecken für ein Dreivierteljahr in Bad Saarow. In Erinnerung daran installierte die DDR in der Bad Saarower Ulmenstraße ein kleines Museum für den Autor des Romans »Die Mutter«; dieses Buch hatte der Staat zum maßstäblichen Standardwerk des von ihm verordneten Sozialistischen Realismus erhoben. Das Gorki-Museum fand seinen Platz in einem Blockhaus, dessen farbige Zierschnörkel russische Dorfbauweise wiedergeben wollen und darin so authentisch sind wie russische Speiserestaurants in Paris oder an der Park Avenue von Manhattan.

Es waren nicht bloß die Literaten unter den Kommunisten, die Bad Saarow-Pieskow zu schätzen wussten. Unmittelbar neben dem öffentlichen Freibad ließ der DDR-Ministerpräsident Willy Stoph ein pompöses Gästehaus errichten, gesichert durch einen hohen Zaun und durch stählerne Tore. Wenn ich damals genügend weit auf den See hinausschwamm, konnte ich die großzügige Uferanlage des Grundstücks erkennen samt Bootshaus, auf dessen Steg junge kräftige Männer der Sicherheitsbehörde lümmelten und den Tag totschlugen.

Der medizinischen Tradition des Ortes folgend, entstand ein großes Krankenhaus der Nationalen Volksarmee. Die dort tätigen Ärzte im Offiziersrang bauten sich hübsche Einfamilienhäuser. Außerdem gab es konspirative Objekte der Stasi, mit Kellern voller Elektronik und mit Bunkeranlagen für den atomaren Ernstfall. Bürgerbewegte sind nach dem Herbst 1989 in diese Bauten eingedrungen und machten deren Existenz öffentlich.

Die zwei folgenden Jahrzehnte im wiedervereinigten Deutschland haben Bad Saarow gründlich verwandelt. Allenthalben wurde umgebaut, saniert und neu gebaut. Aus dem ehemaligen NVA-

Georg Michaelis, 1932

Krankenhaus entstand ein ziviles Klinikum. Seit 1996 existiert als weiterer Brunnen eine Solquelle, aus vierhundertfünfzig Metern herausgebohrt und einer Therme zugeführt, zu deren badenden Klientel auch viele angereiste Polen gehören. Das alte Kurgelände, bis 1994 Besitz der sowjetischen Armee und für Außenstehende unzugänglich, erfuhr eine nachhaltige Umgestaltung. Am Weststrand von Saarow wuchs ein Luxushotel mit Jachthafen, Golfanlage und Tennisplätzen. Auch mehrere Reiterhöfe eröffneten. Wellness- und Freizeitangebote gibt es für fast jede Klientel und fast jeden Geldbeutel.

Ein Fußweg führt rund um den See. Er geht an Gebüschen vorbei, an Wald, an Hügeln, an Heidegelände. Wer auf ihm promeniert, sagen wir: im frühherbstlichen Nachmittagslicht, mag sich außer an bayerische Seen an jene in Oberitalien erinnert fühlen. In der Tat hat jemand den Scharmützelsee Lago di Saarow genannt, bereits 1909. Es war der kurzzeitige deutsche Reichskanzler Georg Michaelis.

Sepia-Zeichnung

Die Baumstämme sind schlank. Ihre Laubkronen werden nur im Ansatz sichtbar. Sie wachsen neben einem Gebäude, das hohe Fenster hat und auf dessen Wände Sonnenlicht fällt, weitere Häuser stehen im Hintergrund. Die Schatten haben harte Kanten. Ihre Dunkelheit ist so intensiv wie die in den Fensterhöhlen. Die Ränder der Baumstämme schimmern auffällig, als sei dies eine Tuberanz. Das Licht ist grell, von mediterraner Schärfe, dass es den Standort eindeutig macht. Die Bäume und Gebäudemauern, nur für sich, könnten auch anderswo stehen, nördlicher.

Die Lichteffekte sind nicht in bunten Farben wiedergegeben, sondern in unterschiedlichen Grautönen. Der Untergrund des Bildes ist geripptes Büttenpapier. Die Materialien sind Sepia und Graphit. Sie erzeugen einen Eindruck, den so vollkommen keine andere Technik herzustellen vermöchte.

Carl Blechen: Selbstbildnis von 1825

Das Blatt heißt »Bäume und Häuser« und entstand in der Nähe von Amalfi, auf der Halbinsel von Sorrent, südöstlich von Neapel. Es ist eine von vielen Arbeiten, die bei einem Aufenthalt in Kampanien entstanden, teils, wie hier, als Sepia-Zeichnung, ganz selten aquarelliert, am häufigsten als Bleistiftskizze.

Das Datum jenes Aufenthaltes ist bekannt: Er geschah im Mai 1829. Obschon der Reisende sich bereits seit September des Vorjahres auf der Apenninhalbinsel aufhielt, bedurfte er für seine Fahrt nach Kampanien einer speziellen Genehmigung. Das Italien jener Zeit war politisch zersplittert, nicht anders als das Deutschland, woher der Reisende kam. Seine eigene Staatsangehörigkeit war die des Königreichs Preußen. Sein Name war Carl Eduard Ferdinand Blechen.

Er gehört zu den großen deutschen Bildkünstlern des 19. Jahrhunderts. Anders als bei Baumeistern und vor allem Literaten,

Carl Blechen: »Badende im Park von Terni«, Gemälde von 1829

deren Anzahl beträchtlich ist, kann die Mark Bandenburg mit vergleichsweise nur wenigen Malern von Rang aufwarten. Berlin, als es endlich Großstadt geworden war und Verwaltungszentrale des Deutschen Reiches, hat die Bildkünstler natürlich angezogen, hier war ihr Markt, und ihr häufigstes Thema wurde dann auch die Großstadt, also Berlin.

Eindringliche Porträts von märkischen Landschaften hat Walter Leistikow geschaffen. Er entdeckte den spröden Charme der Wälder und Seen Brandenburgs und hielt ihn exemplarisch fest, Kurt Tucholsky erfand den Begriff »Leistikowsche Kiefern«. Max Liebermann malte seinen Garten am Wannsee zu Zeiten, als Grunewald noch nicht zu Berlin gehörte. Liebermann war das Genie des deutschen Impressionismus, und Impressionismus bedeutet Malerei des Lichts, Malerei mit Licht. Die gleiche Charakteristik hat man für die Blätter gefunden, die Carl Blechen aus Amalfi mitbrachte. Liebermann nannte ihn einen »begnadeten Maler von Gottes Gnaden«.

Carl Blechen wurde 1798 in Cottbus geboren, in der heutigen Berliner Straße, die damals Luckische Gasse hieß. Die Stadt war einigermaßen wohlhabend. Sie war es durch ihre Textilindustrie, die sich im 19. Jahrhundert noch weiter entfalten sollte, was auch die gründerzeitlichen Villen bezeugen, die damals errichtet wurden. Wohlstand kann Kunstsinn herstellen, wofür etwa das Cottbusser Theater steht. Sein Bau wurde 1908 abgeschlossen. Der Entwurf stammt von Bernhard Sehring, einem mit derlei Projekten vertrauten Architekten, in Cottbus errichtete er eines der schönsten Jugendstiltheater Deutschlands, allenfalls die Münchner Kammerspiele und das Theater im heute polnischen Hirschberg oder Jelenia Góra kommen ihm gleich.

Das alte Cottbus beherbergte zwei ethnische Minderheiten: Hugenotten und Sorben; die Stadt führt heute noch auch den westslawischen Namen Chóśebuz. Die französischen Glaubensflüchtlinge haben einiges beigetragen zur Entwicklung der örtlichen Textilwirtschaft, wogegen die Sorben eher zu den sozial Benachteiligten zählten, beschäftigt in minderen Berufen wie dem der Spreewälder Amme. Blechens Mutter kam aus einer sorbischen Familie. Die Blechens waren kleine Leute. Der Vater hatte den wenig angesehenen und nicht sonderlich einträglichen Beruf eines Steuerbeamten.

Carl konnte vier Jahre lang das Lyzeum an der Oberkirche besuchen. Seine zeichnerische Begabung zeigte sich früh, ein in Cottbus lebender Maler und Buchbinder kümmerte sich um seine Förderung. Für die weitere Ausbildung zum bildenden Künstler stand der Familie kein Geld zu Verfügung. Der Junge begann eine Lehre als Bankkaufmann, die er 1819 beendete.

Er diente ein freiwilliges Jahr bei einer Garde-Pionier-Einheit, danach wurde er Angestellter eines Bankhauses in Berlin. Nebenher, in seiner Freizeit, beschäftigte er sich weiter mit der Malerei, die er ab 1822 förmlich zu studieren begann, an der Berliner Akademie

Staatstheater Cottbus

der Künste. Zwei Jahre später ging er eine Ehe ein. Er wechselte den Beruf und wurde Bühnenausstatter am Berliner Königlichen Schauspielhaus.

Er unternahm eine Studienreise nach Dresden und in die Sächsische Schweiz, die für ihn zum entscheidenden Erlebnis wurde. Er entdeckte die Landschaft als das angemessene Thema seiner Kunst. In Dresden lebten damals zwei bedeutende Protagonisten der modernen Landschaftsmalerei, der Vorpommer Caspar David Friedrich und der gebürtige Norweger Johann Christian Clausen Dahl. Das Genre verdankt ihnen entscheidende Impulse.

Bis zum Ausgang des Mittelalters kamen Landschaften, wenn überhaupt, in Bildern bloß als Hintergrund für figurative Szenerien vor. Erst in der Renaissance wurden solche Hintergründe erheblicher, in der Ausführung detaillierter, um dann, etwa in Aquarellen Albrecht Dürers, ihre eigene Autonomie zu erlangen.

Die erste große Epoche der modernen Landschaftsmalerei war der niederländische Barock. Künstler wie Jan van Goyen und Salomon van Ruysdael holten Land, Strand und See auf ihre Malgründe, die dann in den dunkel getäfelten Innenräumen der Grachtenhäuser von Leiden und Amsterdam hingen. Dort waren die Sujets, die sich auf solchen Bildern betrachten ließen, weit entfernt. Landschaftsmalerei ist eine Kunst für städtisches Publikum. Je mehr Menschen in Städten lebten, desto begehrter sollte die Landschaftsmalerei werden.

Mit den Niederländern jedenfalls war das Thema in der Kunst. Die Nachbarn in Norwich griffen es auf, im 18. Jahrhundert wurde Großbritannien zur wichtigsten Adresse einer realistischen Landschaftsmalerei, um es lange zu bleiben. Die französischen Maler der gleichen Zeit fanden die Natur im hergerichteten Barockgarten, mit allerlei galantem Gesellschaftspersonal, oder sie produzierten reine Fantasien, als wilde Bergwelt oder als nie gesehenes italienisches Panorama. Dies griff auf Deutschland über. Die dort gemalten Landschaften waren willkürliche, um des theatralischen Effektes willen arrangierte Topografien.

Elektrizitätswerk

Die Veränderung wurde eingeleitet durch Leute wie Friedrich und Dahl, übrigens auch im Rückgriff auf die barocken Niederländer, die in großen Sammlungen reichlich aushingen, darunter denen in Dresden. Auch Friedrich übersetzte, wenn er malte, das Gesehene nicht unverändert ins Bild, doch dieses Gesehene war wiederauffindbar. Das 19. Jahrhundert machte die Landschaftsmalerei dann zum populärsten Genre der Malerei überhaupt.

Die Künstler saßen mit Leinwand und Staffelei unter freiem Himmel. Getreulich hielten sie fest, was sie sahen, was ihnen dort auffiel, auch die Spiele der Lichter. Der Impressionismus lieferte weitgehend Malerei nach der Natur. Der Impressionist Liebermann entdeckte in Carl Blechen einen seiner Vorläufer. Der hatte zu seinem endgültigen Stil in Italien gefunden, als er in seinem Skizzenbuch die Gegend um Amalfi festhielt.

Das Geld für jene Reise hatte ihm der Verkauf eines Bildes eingebracht, dessen Stil noch vergleichsweise konventionell war. Das großformatige »Semnonenlager« bot eine Szenerie im roman-

Cottbuser Altmarkt

tischen Geschmack. In Italien hielt Blechen sich ein reichliches Jahr auf. Die von dort mitgebrachten Skizzen, Ideen und Anregungen wurden zum Fundus dessen, was er in den Folgejahren als Gemälde ausführte, »Badende im Park von Terni« oder »Mühlental bei Amalfi« oder »Ruinen am Golf von Neapel«. Den Charme und die Modernität der Bleistiftskizzen und Sepiablätter überbietet keines davon.

Nach seiner Rückkehr übernahm er eine Professur an der Berliner Akademie, an der er einst gelernt hatte. Er unterrichtete im Fach Landschaftsmalerei und war ein engagierter Lehrer, der regelmäßig mit seinen Schülern Exkursionen in die Mark unternahm. »Er besitzt die Gabe«, so einer seiner Studenten, »in der Natur Wirkungen zu entdecken, die vor ihm niemand darin spürte, und von welchen die akademischen Lehren nichts wissen; Wirkungen, deren tiefen Sinn die Mehrheit des Publikums nicht zu fassen vermag.«

Manche von Blechens Bildern zeigen Sujets, die man auch von Caspar David Friedrich kennt, die Kreidefelsen von Rügen und die Klosterruine Oybin im Zittauer Gebirge. Er trat später noch ein paar Reisen an, in den Harz, nach Paris, 1835 wurde er krank. Er litt an Depressionen. Die Sache verschlimmerte sich, er musste sich von seiner Lehrtätigkeit beurlauben lassen und begab sich in eine Klinik. Dort ist er 1840 verstorben, in völliger geistiger Umnachtung.

Die Landschaften seiner märkischen Heimat hat er vergleichsweise selten gemalt. Es gibt ein Bild aus Spandau, es gibt Bilder aus Berlin, und es gibt, Vorgriff auf Themen einer späteren Epoche, seine Wiedergabe des Walzwerks bei Eberswalde, eines der ersten Industriebilder unserer Kunstgeschichte. Auch stilistisch nahm er Späteres vorweg: in seinen Grafiken, zumal denen aus Amalfi.

Von »Bäume und Häuser« existiert noch eine andere Fassung. Die wiedergegebenen Objekte sind erkennbar dieselben, gleichwohl vermitteln sie einen völlig anderen Eindruck. Dabei ist die Technik unverändert: Wieder fehlt der durchgezeichnete Strich,

Carl Blechen: »Walzwerk Neustadt-Eberswalde«, Gemälde von 1830

die Objekte werden gleichsam entmaterialisiert und wirken wie ein abstraktes Muster aus Hell und Dunkel. Man fühlt sich an den Postimpressionismus erinnert.

»Die Landschaft liegt unter der Sonne weiß wie unter tiefem, frischgefallenen Schnee«, beschreibt es der Kunsthistoriker Otto von Simson. »Das Greifbare, Gewohnte der Dinge erscheint verwandelt, aufgelöst in der Wirklichkeit von Licht und Schatten. Diese trennen zusammenhängende Oberflächen, etwa die Wand eines Hauses, oder binden Getrenntes, Mauern und Erdboden, Laub und besonnte Luft zusammen.«

Es könnte die Beschreibung eines Bildes von Paul Cézanne sein. Gesagt wurde es über die Amalfi-Blätter von Carl Blechen.

127

Der Leib wird leicht im Wasser

Als Kurfürst nahm August der Starke teil am Großen Türkenkrieg auf dem Balkan. Bei seiner Rückkehr 1696 gehörte zu seinem Gefolge der dreiundsiebzigjährige Reiterobrist Schadowitz, dem er eine Gutsherrschaft in der Lausitz überließ. Schadowitz war groß gewachsen, benahm sich sonderbar und stand im Ruf der Hexerei. Da er aus Zagreb kam, nannten die Leute ihn Kroat, sorbisch Chorwat. Daraus entstand die Sagenfigur Krabat.

Es gibt ihn in vielerlei Gestalt. Einmal ist er ein böser Geist, der aus schwarzen Haferkörnern Soldaten zaubern kann. Mit einer Kutsche fährt er durch die Lüfte und beschädigt dabei einen Kirchturm. In der meist verbreiteten Fassung ist er ein armer Betteljunge, der bei einem Müller lernt.

Sein Meister steht mit dem Teufel im Bund. Der Junge findet des Müllers Zauberbuch, studiert heimlich darin und ist in Magie dem Müller bald überlegen. Vor dessen Rache schützt ihn seine Mutter. Im anschließenden tätlichen Zweikampf mit ihm obsiegt Krabat. Der hilft danach dem Landvolk bei der Arbeit und kämpft mit Kurfürst August gegen die Türken. Nach seinem Tod fliegt er gen Himmel, als weißer Schwan.

Durch die Mark Brandenburg laufen zwei großen Flüsse. Man ist überein gekommen, die Spree als Nebenfluss der Havel zu sehen, obschon sie länger und bei ihrer Mündung in die Havel breiter ist als diese und auch die größeren Wassermengen führt. Die Havel entspringt im heutigen Bundesland Mecklenburg-Vorpommern und fließt in die Elbe bei Havelberg, im Bundesland Sachsen-Anhalt. Die Spree hat drei Quellen, manche zählen deren fünf. Sie entspringt im Freistaat Sachsen, Hauptverlauf und Mündung gehören ins Bundesland Brandenburg.

Allee nach Lübben

Schloss Lübben

Die Spree hat eine Länge von knapp vierhundert Kilometern. Auf weniger als der Hälfte der Strecke ist sie mit Schiffen befahrbar. Ihr Einzugsgebiet hat eine Größe von rund zehntausend Quadratkilometern.

»Der Name der Spree stammt aus der Deutschen Sprache her, und hat von Spreuen oder Spröen, wie man sagt: es spreuet oder es spröet, seine Ankunft«, sagt Johann Benedict Carpzov. Er war ein Historiker des Barockzeitalters, im Hauptberuf Steuerprokurator unter August dem Starken. Er hat sich eingehend mit der Geschichte der Lausitz und ihrer Menschen befasst. Im Sorbischen lautet der Flussname Sprjewja.

Die Bächlein rauschen in dem Sand
Und malen sich und ihren Rand
Mit schattenreichen Myrten;
Die Wiesen liegen hart dabei
Und klingen ganz vom Lustgeschrei
Der Schaf und ihrer Hirten.

Paul-Gerhardt-Statue

Die Strophe verfasste Paul Gerhardt, Autor viel gesungener evangelischer Kirchenlieder und einer der großen Lyriker deutscher Sprache. Die Bächlein, die er erwähnt, könnten die des Spreewaldes sein. Gerhardt war acht Jahre als Archidiakon Geistlicher an einem Gotteshaus in Lübben. Die Kirche, ursprünglich nach dem heiligen Nikolaus benannt, hieß später nach Paul Gerhardt. Die Stadt Lübben hat auch einen sorbischen Namen, Lubin město.

Die Quellen der Spree liegen unmittelbar hinter der deutsch-tschechischen Grenze, im Zittauer Gebirge. Sie tragen die Namen Ebersbacher, Kottmarer und Neugersdorfer Quelle. Der Oberlauf der Spree passiert die kursächsische Barockstadt Bautzen. Die Grenze zwischen Sachsen und Brandenburg verlief einst nördlicher als heute. Herrensitze und Sakralbauten der Gegend um Cottbus zeigen Einflüsse des sächsischen Barock.

Das Gefälle der Spree ist gering, was die Bildung von Auen, Nebenarmen und Delten begünstigt. Die Fließgeschwindigkeit beträgt durchschnittliche fünfzig Zentimeter in der Sekunde.

Der Braunkohletagebau in der Region um Spremberg machte es erforderlich, das Grundwasser abzupumpen und in die Spree zu leiten. Der Bergbau im Lausitzer Gebiet wurde inzwischen eingestellt. Der Grundwasserspiegel ist wieder angestiegen, umgekehrt fiel der Wasserspiegel der Spree. An trockenen Sommertagen kommt ihr Abfluss völlig zum Erliegen. Es gibt einen Abschnitt, kurz vor Berlin, wo die Spree infolge der Einleitung gereinigter Abwässer rückwärts fließen kann.

»Ein unerwartet luxuriöses Anwesen, das sich da an der Landstraße plötzlich aus den Spreewaldwiesen erhebt, ein Ensemble aus meist festlich erleuchteten Gästehäusern, Weiden, Scheunen, Dampf. Wer es sich leisten will (ein Tageseintritt in die Therme kostet 50 Euro), betritt eine Badelandschaft aus mehreren Saunen, Dampf-

bädern, Dufträumen, Pools und jenem Schwimmbad mit dem groß-
en alten Kamin, das das Markenzeichen der Bleiche ist.«
Zeitungsbericht über ein Wellness-Hotel bei Vetschau.

Der Spreewald heißt auf niedersorbisch błóta, was Morast bedeutet. Es handelt sich um ein durch die Flussverzweigung gebildetes
und mit zusätzlichen Kanälen versehenes Au- und Sumpfgelände.
Die übliche Fortbewegung erfolgt mittels gestakter Holzkähne. Auf
halber Strecke finden die Spreearme vorübergehend zusammen,
hier liegt die Stadt Lübben.

Die ursprüngliche Bebauung im Spreewald waren einfache Holz-
häuser. Ein Bootssteg führte von der Haustür zum Ufer. Einige solcher Häuser haben sich erhalten, sie dienen musealen Zwecken.

Die Gesamtlänge aller Wasserstraßen in Spreewald beträgt neun-
hundertsiebzig Kilometer. Die Gesamtfläche des Spreewalds be-

Lübbener Marktplatz

misst sich auf etwa dreitausend Quadratkilometer. Von zweihundertfündundachtzigtausend Bewohnern des Spreewalds lebt ein reichliches Drittel im ländlichen Raum. Die Wirtschaft besteht in Gemüseanbau und Tourismus.

Die geografische Nähe Brandenburgs zu Sachsen spiegelt sich im Lebenslauf des Predigers und Barockdichters Paul Gerhardt. Er wurde 1607 im sächsischen Gräfenhainichen geboren und besuchte die Schule im sächsischen Grimma. Die Theologie studierte er in Wittenberg, darauf ging er nach Berlin. Man schrieb das 25. Jahr des Dreißigjährigen Krieges. Die Bevölkerung der Stadt war dezimiert durch Verheerungen, außerdem wüteten die Pest und die Pocken. Gerhardt predigte an der Berliner Nikolaikirche. Für ein Gesangbuch, das der Nikolaikantor zusammenstellte, verfasste er achtzehn Liedtexte. Sein erstes Kirchenamt übernahm Gerhardt im brandenburgischen Mittenwald. Er heiratete die Tochter eines Berliner Juristen, wurde Probst und musste insgesamt elf Dorfpfarren betreuen, seine Situation ähnelte der heutiger Pastoren im ländlichen Brandenburg. In Mittenwald entstand der Liedtext »O Haupt voll Blut und Wunden«, die deutsche Fassung des lateinischen Chorals »Salve caput cruentatum«. Die Verwendung des Gerhardt-Textes durch Johann Sebastian Bach ist einer der Höhepunkte in dessen »Matthäuspassion«.

1657 wurde Paul Gerhardt von Mittenwald nach Berlin berufen, als zweiter Diakon an die ihm vertraute Nikolaikirche. 1666 hatte er Konflikte mit dem Hof des brandenburgischen Kurfürsten Joachim, der zum Calvinismus übergetreten war. Gerhardt verzichtete auf sein Amt. Etwa zu dieser Zeit starb ihm seine Frau.

Er ging in den Spreewald, nach Lübben. Er brachte Predigten und Verse zu Papier, die Gesamtzahl seiner deutschen Liedtexte beträgt hundertneununddreißig. Er schrieb:

Du meine Seele, singe,
wohlauf und singe schön
dem, welchen alle Dinge
zu Dienst und Willen stehn.
Ich will den Herren droben
hier preisen auf der Erd;
ich will ihn herzlich loben,
solang ich leben werd.

Paul-Gerhardt-Kirche

Nach dem Tod des Lübbener Pfarrers wählte man Paul Gerhardt zu dessen Nachfolger. Er starb 1676 im Lübbener Pfarrhaus. Er wurde beigesetzt im Chorraum seiner Nikolaikirche, vor dem Altar. Das Gotteshaus steht nahe der Spree.

Die ethnische Minderheit der Sorben sind Nachkommen einer Völkerschaft, die, im Frühmittelalter, zusammen mit anderen westslawischen Stämmen die von Germanen verlassenen Gebiete westlich der Oder besiedelten. Sorbische Wohngebiete sind Ober- und Niederlausitz, sorbisch Łužyca.

Spreewälderin in sorbischer Tracht

Heute leben noch etwa sechzigtausend sorbische Sprecher. Zwei Drittel von ihnen sitzen in der Oberlausitz, also im Freistaat Sachsen, mit dem kulturellen Zentrum Bautzen. Kultureller Mittelpunkt der Brandenburger Sorben ist Cottbus.

Es gibt keine einheitliche sorbische Hochsprache, nur mehrere unterschiedliche Dialekte. Bautzen, wo auch ein sorbisches Theater spielt, ist Sitz der 1912 gegründeten Organisation Domowina, die sich um die Bewahrung der sorbischen Identität bemüht. Ab 1815 wurde in Preußen die sorbische Sprache unterdrückt, ab 1875, wofür Reichskanzler Otto von Bismarck sorgte, ebenso in Sachsen. Nach 1918 kam es zu einer vorübergehenden Konjunktur von sorbischem Brauchtum. Hitler bereitete dem ein Ende. Die DDR ließ die sorbische Kultur wieder aufleben: als Demutsgeste gegenüber der slawischen Vormacht Sowjetunion.

Die meiste Zeit in jüngerer Vergangenheit waren die Sorben eine sozial benachteiligte Randgruppe. Der bei ihnen verbreitete Katholizismus schied sie konfessionell von den mehrheitlich protestan-

135

tischen Brandenburgern und Sachsen. Ihre Priester ließen sich in Prag ausbilden, das Sorbische ist dem Tschechischen nahe verwandt.

Beachtung fand zumeist die sorbische Folklore: eigene Trachten, eigenes Brauchtum wie Osterritt und die kunstvoll dekorierten Ostereier. Die sorbischen Trachten variieren, bei den Frauen, von Ort zu Ort. Die Kopfbedeckungen können weit ausgestellte Hauben sein, weiße oder farbige Mützen. Die Röcke sind bauschig und wadenlang. Bei den Männertrachten herrscht die Farbe schwarz vor, die Mantelsäume sind rot abgepaspelt. Die Trachten werden heute nur mehr in Folkloregruppen getragen oder bei österlichen Kirchgängen, für Fotoaufnahmen der Touristen.

Die Zahl sorbischer Schriftsteller ist erstaunlich groß. Zwei von ihnen sind Jurij Brežan und Jurij Koch. Brežan ist einer von gleich mehreren Autoren, die sich der Sagenfigur des Krabat annahmen. Von Koch stammt das melancholische Urteil, entgegen aller Anstrengung und Förderung seien Sprache und Kultur der Sorben zu unwiderruflichem Untergang bestimmt.

Ab Fürstenwalde wird die Spree benutzbar für Schiffe. Die Stadt, im letzten Krieg geschleift, war zu Zeiten der DDR Kreisverwaltungszentrum. In einem großen, Schmutz absondernden Industriebetrieb wurden Autoreifen hergestellt. Der spätgotische Dom St. Marien verdankt es den Jahrzehnte währenden Anstrengungen eines Geistlichen, dass er völlig wiederhergestellt ist und neben der gottesdienstlichen Nutzung auch kulturellen Zwecken dient. Den Rang einer Kreisstadt hat Fürstenwalde bei der letzten Gebietsreform verloren. Geblieben ist der imposante Neubau einer Finanzbehörde.

Von Fürstenwalde fließt die Spree weiter nordwestlich, durchquert den Dämeritzsee und den Müggelsee und danach, auf einer Strecke von sechsundvierzig Kilometern, die Stadt Berlin. Dessen Ursprünge waren zwei im Hochmittelalter auf Spreeinseln angelegte Siedlungen. An der Flussmündung liegt Spandau, heute ein Berliner Stadtteil, der, worauf die Bewohner stolz sind, älter ist als Berlin.

Flüsse gliedern die Erdoberfläche. Flüsse sind Grenzen. Flüsse sind Transportwege, für Waren, für Menschen. Flüsse tränken Pflanzen, bewässern Äcker und speisen Brunnen. Flüsse sind Objekt in Dichtungen, seit jeher, als Handlungsort, als Bild, als Lebensraum, als Gleichnis. Der Dichter Bertolt Brecht schrieb:

Wasserstraße im Spreewald

Im bleichen Sommer, wenn die Winde oben
Nur in dem Laub der großen Bäume sausen
Muss man in Flüssen liegen oder Teichen
Wie die Gewächse, worin Hechte hausen.
Der Leib wird leicht im Wasser. Wenn der Arm
Leicht aus dem Wasser in den Himmel fällt
Wiegt ihn der kleine Wind vergessen
Weil er ihn wohl für braunes Astwerk hält.

Pleasureground

Die Niederlausitz hat ein eigenes Wappen. Es zeigt die Seitenansicht eines trabenden Stieres, dessen Schweif sich über den Rücken legt. Die Farbe des Tieres ist rot, der Grund, auf dem er sich bewegt, grasgrün.

Wer in diesem Wappen eine engere Beziehung der Region zu Tierhaltung und Landwirtschaft erkennen will, mag für die Vergangenheit recht haben, für die Gegenwart kaum. Ohnehin sind die Böden hier sandig und mager und die jährlichen Niederschlagsmengen vergleichsweise gering. Ökonomische Bedeutung hat vielmehr der Tageabbau von Braunkohle, dem immer wieder alte Dörfer geopfert werden müssen, zum Kummer der von Umsiedlung betroffenen Bewohner. Die leer geräumten Gruben werden später geflutet. Derart entsteht eine künstliche Seenlandschaft, die sich neben den natürlichen Seen im Land Brandenburg behaupten muss und, etwa in und um Senftenberg, der touristischen Nutzung harrt.

Die vor 1990 hier beheimatete Glas- und Textilindustrie ist zusammengebrochen. Um Ersatz zu schaffen, hat die Landesregierung in Potsdam zwei große Projekte auf den Weg gebracht und mit Zuschüssen gefördert. Eines war die Produktionsstätte für Lasten tragende Luftschiffe, Cargo-Lifter geheißen; es kam zum Bau einer riesigen Werft mit der überhaupt größten freitragenden Halle weltweit. Das eigentliche Fluggerät wurde niemals hergestellt. Die Firma ging zuvor in die Insolvenz, die Halle bezog eine Freizeit-Einrichtung mit Namen Tropical Island. Dort werden, auf einer Grundfläche von dreihundertsechzig mal zweihundertzehn Metern, tropische Temperaturen, tropische Vegetationen und tropische Gewässer angeboten, gegen gutes Eintrittsgeld. Die Betreiber kommen aus Malaysia. Die erhofften Besucherzahlen haben sie bislang nicht erreicht.

Tropical Island

Grabstätte Fürst Pücklers

Das andere Projekt ist der Lausitzring. Hierbei handelt es sich um eine Rennstrecke für Motorfahrzeuge, vergleichbar dem Nürburgring in der Eifel und dem Hockenheimring in Baden. Die Anlage bei Klettwitz hat hundertachtundfünfzig Millionen Euro gekostet, von denen der übergroße Teil aus der Landeskasse stammt. Die ersehnten Formel-1-Rennen fanden nicht statt, dafür gab es auch hier eine Insolvenz. Der gegenwärtige Betreiber nennt sich EuroSpeedway.

Beides, Tropical Island wie Lausitzring, setzen auf den Tourismus. Er ist eine der Hoffnungen dieser Region und funktioniert an einem anderen Ort recht gut.

Park und Schloss Branitz liegen südöstlich der Stadt Cottbus, zu der sie mittlerweile per Eingemeindung gehören. Das ausgedehnte Gelände nahe dem rechten Spreeufer war in dieser Gestalt die Schöpfung seines einstigen Besitzers, des Fürsten Hermann Ludwig Heinrich von Pückler-Muskau. Er war einer der wichtigen Gartengestalter Deutschlands im 19. Jahrhundert und daneben noch einiges andere mehr.

»Der bekannte Fürst Pückler, der wie die nach ihm benannte Eisbombe mit Schlagsahne bezeugt, einen so guten Geschmack besaß, darf sich auch rühmen, in Modedingen ein ›arbiter elegantiarum‹, ein Richter des guten Geschmacks, gewesen zu sein.«

Hermann von Pückler-Muskau, 1837

So Carl von Ossietzky, der zwar auch adlig war, doch dabei völlig verarmt. Fürst Pückler hingegen war zu Zeiten einer der reichsten Männer in Preußen, freilich hielt das nicht lange, denn er hatte das Talent, sein Geld mit vollen Händen auszugeben. Dafür waren drei Passionen der Grund: die Parkgestaltung, das Reisen und die Frauen.

Außer durch die von Ossietzky genannte Eisbombe (die gar nicht Pücklers Erfindung war, sondern die eines preußischen Hofkonditors) ist er heute als Gartengestalter bekannt. Drei seiner Arbeiten existieren: der Park von Schloss Babelsberg bei Potsdam, der Park in Muskau und der in Branitz. Bei Babelsberg folgte er dem Auftrag des preußischen Kronprinzen, des späteren Königs und Kaisers Wilhelm I. Muskau, das der Fürst im Namen führte, war die größere

Schloss Branitz

seiner eigenen Gartenanlagen und die, in die er den meisten Ehr-
geiz setzte, wobei er sich völlig übernahm, so dass er den gesamten
Besitz schließlich veräußern musste. Heute liegt ein Teil der Anlage
im Bundesland Sachsen, der andere in der polnischen Woiwod-
schaft Lebus. Mittenhindurch fließt die Lausitzer Neiße.

Zeitgleich mit Pückler, der von 1785 bis 1871 lebte, wirkten in
Deutschland noch zwei andere Landschaftsarchitekten von Rang:
Friedrich Ludwig Sckell und Peter Joseph Lenné. Sckell war Hofgärt-
ner in Süddeutschland, seine bekannteste Schöpfung ist der Englische Garten in München. Lenné stammte aus Bonn und trat 1816
in preußischen Dienst, sein Hauptbetätigungsfeld waren die Landschaften rund um Berlin und Potsdam, wo er aufs engste mit dem
Architekten Karl Friedrich Schinkel kooperierte. Lenné und Pückler
waren unmittelbare und ziemlich erbitterte Konkurrenten.

Die zwei schufen Parks nach englischem Vorbild. Zuvor, im Barockzeitalter, war die französische Gartenkunst maßgeblich gewesen, deren Prinzip die ausgestellte Künstlichkeit war: durch die Sym-

141

metrien der Gesamtanlage, durch die Muster, in die sie gegliedert wurde, durch die Ornamente, zu denen man die Büsche schnitt. Der englische Stil bot zu alledem das Gegenteil. Baum, Busch und Wiese wirkten naturwüchsig, was sie freilich nicht waren, denn alles geschah nach ausgearbeiteten Plänen und bedurfte einer ständigen gärtnerischen Pflege.

Herkunftsland, der Name sagt es, war Großbritannien. Gartenarchitekten wie William Kent machten ihre Kunst im Inselreich populär, das, als erster Staat mit einer erfolgreichen bürgerlichen Ökonomie, die Neugier von Besuchern aus Kontinentaleuropa erregte. Der erste Gärtner, der die Idee der neuen Landschaftsgestaltung nach Deutschland brachte und dort verwirklichte, war der Dessauer Friedrich Wilhelm von Erdmannsdorff. Am produktivsten in Deutschland wurde Lenné, der die Sache als Brotberuf betrieb.

Pückler betrieb sie aus Liebhaberei, dabei mit viel Leidenschaft und beträchtlichem Sachverstand. »Es ist schon wahr«, sagt er, »dass ich nur künstlerisch schaffend in meinem wahren Elemente bin. Dies ist mein mir von der höheren Macht über uns bestimmter Beruf, wie ich immer mehr einsehe. Meine Haupteigenschaft ist der Geschmack – der in allem das möglich Vollkommenste zu erreichen sucht und es zu finden versteht.«

Statue im Park Branitz

Branitz war sein Erbe von Vatersseite. Er ließ das Schloss gründlich umbauen und machte sich, unterstützt von Hilfskräften, an die Einrichtung des Gartens. Was er plante und was dann entstand, war ein sogenannter zonierter Park: ein Gelände aus unterschiedlich gestalteten Abschnitten.

Das um Terrassen und Pergola erweiterte Schloss mündet zunächst auf einen mit Blumenbeeten, Plastiken und Ziergehölzen ausgestatteten *pleasureground*. Das ist ein an das Gebäude unmittelbar anschließendes Terrain, gleichsam ein Verbindungsglied zwischen den Blumengärten und dem eigentlichen Park. Der gliedert sich in zwei Sektionen: den inneren und den äußeren Park.

Nahe dem Schloss beginnt ein künstlich angelegtes Gewässersystem mit Kanälen, Teichen und Seen. Gespeist wird es vom Grund-

wasser und von der nahe gelegenen Spree. Mit den Erdmassen, die beim Aushub der Wasserbetten anfielen, wurden Hügel angelegt, dazu zwei Pyramiden; die größere, Pücklers Grabstelle oder Tumulus, ist völlig von Wasser umgeben. Über die Kanäle führen Brücken mit unterschiedlich ausgeführten Geländern.

Die Wege gehen manchmal durch dichteres Gehölz. Danach öffnen sich Freiflächen, die einen weiten Ausblick gestatten: Dies sind die berühmten Sichtachsen, die Pückler ebenso pflegte wie Lenné und die für beider Landschaftsarchitekturen charakteristisch sind. Auch ein kleiner Friedhof befindet sich im Gelände. Er dient als letzte Ruhestätte verschiedener Mitglieder der Familie Pückler und ist gleichsam die konventionelle Antwort auf den Tumulus.

Der, den Pyramiden von Gizeh bei Kairo nachgebildet, macht darauf aufmerksam, dass sich der Fürst in Ägypten auskannte. Seine Reise dorthin wurde gleich aus mehreren Gründen bekannt.

Übrigens war sie nicht sein erster Auslandsaufenthalt. Zuvor hatte er sich in England umgetan, zwei Jahre lang, um sich dort eine wohlhabende Frau zu suchen. Er war bereits verheiratet gewesen, mit Lucie, Tochter des berühmten preußischen Staatsministers Hardenberg, doch die zwei hatten sich scheiden lassen, da Pückler fortwährend Affären suchte, überdies hatten beide Eheleute stets mehr Geld ausgegeben, als es ihrer Schatulle zuträglich war.

Immerhin blieben sie miteinander in Kontakt. Aus England schrieb Pückler seiner Geschiedenen viele lange Briefe, die Lucie dann, um die Kasse aufzubessern, als Buch herausgab. Es wurde zu einem großen Erfolg. In seiner Zeit war Pückler vornehmlich als Schriftsteller bekannt. Goethe lobte die Texte als ein für »Deutschlands Literatur bedeutendes Werk«. »Hier wird uns ein vorzüglicher Mann bekannt.«

Nach Ägypten hatte ihn der dortige Vizekönig eingeladen, Anfang Januar 1837 traf er in Alexandria ein. Um bei seinem Aufenthalt die Freuden fleischlicher Liebe nicht entbehren zu müssen, begab er sich auf den Sklavenmarkt von Kairo, um sich eine Bettgenossin zu kaufen. Für reichliches Geld erstand er eine junge, sehr hübsche Abessinierin und brachte sie auf das Schiff, das ihn den Nil hinanschipperte. Als die erste Etappe der Reise hinter ihm lag, hatte er sich rettungslos in sie verliebt.

Anfangs musste er sich mit ihr über einen Dolmetscher verständigen, später brachte er ihr das Italienische bei. Sie trug den Namen Machbuba, was »die Goldene« bedeutete und sich offenbar auf die Farbe ihrer Haut bezog, die, laut Pückler »einem über Goldplatten ausgebreiteten dunklen Seidenflor« glich. Mit ihr gemeinsam bereiste er erst Ägypten, darauf Palästina und Syrien. Nach fast drei Jahren kehrte er zurück, in Begleitung mehrerer Pferde und seiner äthiopischen Geliebten.

Die erkrankte plötzlich. Die Sache erwies sich als äußerst hartnäckig, Machbuba magerte zusehends ab. Der Fürst überließ sie der Behandlung eines Arztes, doch es half alles nichts: Machbuba starb.

Pückler trauerte sehr ausführlich um sie. Er betrieb einen förmlichen Totenkult. Als er sein anderes Besitztum Muskau aufgeben

Machbuba, um 1840

musste und nach Branitz zog, nahm er ihr Bildnis mit. Zusammen mit anderen Memorabilien der Ägyptenreise befindet es sich im Branitzer Schloss. Das Mädchen trägt einen Turban und einen Maluckenanzug.

Pückler hat auch über seine Reise an den Nil ein ausführliches Buch verfasst. Vor und nach Machbuba unterhielt er zahlreiche Amouren, bedeutende Frauen waren darunter, wie die zu ihrer Zeit berühmte Opernsängerin Henriette Sontag und die Berliner Literatin Bettina von Arnim. Den Zeitgenossen galt er als die vollkommene Verkörperung eines Dandy. Ein Freigeist war er außerdem. Bis zuletzt genoss er es, der Gegenstand von Anekdoten und Gesellschaftsklatsch zu sein. Er notierte über sich:

»Die Aristokraten fanden mich zu liberal, die Liberalen zu aristokratisch, die Frömmler gottlos, die Nichtgläubigen nur Religiosität heuchelnd, die Bürokratie im Vaterlande stellte mich als einen halben Revolutionär dar, die Freitümler behaupteten dagegen, ich nähme mich wohl in acht, je ernstlich anzustoßen, und schmeichle gelegentlich immer der Macht – kurz es schien, dass ich es niemandem recht machen könnte.«

Hermann von Pückler-Muskau, nach 1860

Obersächsisch

Was ist ein Schloss?

Das Konversationslexikon sagt, es sei ein repräsentativer Wohnbau des Adels, ausgestattet mit ausgeprägter Fassadengestaltung, weiträumiger Innenarchitektur und prunkvoller Ausstattung, errichtet in städtebaulich oder landschaftlich herausgehobener Lage. Nachdem er sich von der Burgenarchitektur abgelöst habe, sei er zu seinem Höhepunkt im Zeitalter des Absolutismus gelangt; seit der Erfindung des Schwarzpulvers und dem Einsatz von Kanonen um den früheren Wehrzweck gebracht, habe im Vordergrund nunmehr die reine Machtrepräsentation gestanden. Mehrere Formen hätten sich entwickelt: die Residenz, das unbefestigte Wasserschloss, das Lustschloss, das Jagdschloss. Architektonische Prototypen seien die Vierflügelanlage, die Dreiflügelanlage und der Einflügelbau.

Innenhof von Schloss Dobrilugk

Unschwer lässt sich erkennen, dass Lust- und Jagdschloss in vielem übereinstimmen. Die Jagd war vornehmlich ein fürstliches Vergnügen und wurde zumeist abgeschlossen mit aufwändigen Bällen und anderen Festivitäten. Ein Residenzbau konnte zum Lustschloss werden und umgekehrt. Nicht erwähnt wird vom Lexikon die Verwendung als Witwensitz.

Das Schloss in Doberlug-Kirchhain ist ein vierflügeliges Wasserschloss, angelegt als Residenz. Später hat es unter anderem als Jagd- und als Witwensitz gedient. Der es umgebende Graben wurde von der Kleinen Elster geflutet; obschon ohne eigentlichen Verteidigungszweck, war er geeignet, einen Abstand zwischen regierendem Adel und gemeinem Volk herzustellen.

Doberlug-Kirchhain ist häufigen Eisenbahnnutzern bekannt als Umsteigestation und Schienenknotenpunkt: Hier schneiden sich die Fernlinien Cottbus–Leipzig und Berlin–Dresden. Die Doppelstadt existiert erst seit 1950. Zuvor waren dies zwei autonome

Schloss Dobrilugk

Kommunen mit unterschiedlicher Geschichte, unterschiedlichen Hauptkirchen und unterschiedlicher Ausrichtung. Kirchhain hat seine Tradition als Ort der Lederverarbeitung und der einträglichen Weißgerberei, ein Museum zeigt die hierfür erforderlichen Anlagen und erklärt Einzelheiten des Gewerbes.

Doberlug war ein Dorf, in dem während des Hochmittelalters der Zisterzienserorden ein Kloster gegründet hatte. Wie andere Abteien dieser Mönchsgemeinschaft wurde auch diese höchst erfolgreich. Sie erwarb weitere Ländereien und errichtete ihre Bauten in der dem Orden eigentümlichen Architektur, darunter eine Kirche, geweiht der Gottesmutter Maria.

Der Ortsname Doberlug ist slawischen Ursprungs. Dobre bedeutet gut, die letzte Silbe benennt einen Morast oder eine feuchte Wiese. Das Wort kehrt in der für Brandenburg häufigen Flurbezeichnung Luch wieder.

Man hat um die dreißig unterschiedliche Schreibweisen des Ortsnamens gezählt. Bis 1937 schrieb man Dobrilugk. Die Nazis, denen alles Slawische zuwider war, befahlen die Eindeutschung. Sie blieb erhalten, nur das Schloss beharrte weiterhin auf der Schreibweise Dobrilugk. Der mittelhochdeutsche Dichter-Sänger Walther von der Vogelweide buchstabierte Toberluh. Er gehörte 1212, als ein bezahlter Berufspoet, zum Gefolge des Markgrafen von Meißen und hat offenbar im Doberluger Zisterzienserkloster genächtigt. Seine Erinnerung daran scheint nicht die allerbeste gewesen zu sein.

Es kam die Zeit der Reformation. 1547 ließ der Landesherr das Kloster besetzen und säkularisieren. Was heißt: Er enteignete es. Der letzte Abt Balthasar hatte rechtzeitig die Klosterkleinodien und die eigene Person in Sicherheit bringen können.

Der enteignende Landesherr hieß Johann Friedrich und regierte das Kurfürstentum Sachsen. Alles Gebiet um Doberlug und Kirchhain war bis zum Wiener Kongress 1815 kursächsischer Besitz. 1551 setzte Johann Friedrich einen Pfandherrn ein, den Berghauptmann Heinrich von Gersdorf. Der begann alsbald mit dem Bau des Schlosses. Der Grundriss stammt aus seiner Zeit. Er hat den Bau

Walther von der Vogelweide, Illustration aus der Manessischen Liederhandschrift, um 1330

Rückseite von Schloss Dobrilugk

nicht vollenden können, die nachfolgenden Bauherren waren zunächst seine Söhne. Er selbst liegt nicht in der vormaligen Abteikirche St. Marien begraben, sondern im städtischen Gotteshaus von Kirchhain. Sein Epitaph existiert noch und zeigt ihn mitsamt seiner Gemahlin, als finster dreinblickenden vollbärtigen Menschen. Beide Eheleute tragen Renaissancekostüme.

Die Schlossanlage in Doberlug erlebte mehrere Besitzerwechsel, und der Bau erfuhr mehrere Unterbrechungen. Große Schäden brachte der Dreißigjährige Krieg, der vornehmlich die alten Klosterbauten heimsuchte, St. Marien diente schwedischen Truppen als Pferdestall. Was von der Heimsuchung verschont blieb, würde zu Teilen später niederbrennen, als durch unachtsamen Umgang mit glimmendem Torf ein Großfeuer ausbrach.

Fertiggestellt wurde das Schloss im Jahr 1676. Stilistisch bewegt es sich auf dem Übergang zwischen Spätrenaissance und frühem Barock. Das macht es einigermaßen bemerkenswert. Noch bemerkenswerter ist seine offensichtliche Opulenz.

Wer Schlösser und Herrenhäuser der Mark Brandenburg kennt, der weiß, wie dürftig in Materialauswahl und Ausstattung sie oftmals sind. Das war nicht nur der ökonomischen Situation des Landes geschuldet. Brandenburg-Preußen erwirtschaftete auch finanzielle Überschüsse, doch die flossen bevorzugt in die Aufrüstung und kaum in die Kultur. In Kursachsen standen die Dinge umgekehrt. Das schuf die sehr unterschiedliche Anmutung der beiden Residenzstädte Berlin und Dresden, und es führte dazu, dass im Fall militärischer Konflikte zwischen den beiden Staaten, und deren gab es einige, Sachsen prompt und regelmäßig verlor.

Schloss Dobrilugk hat vom sächsischen Kunstsinn profitiert und von Gepflogenheiten des sächsischen Hofes. Glanzzeit wurden die Jahre zwischen 1743 und 1748, als sich Kurfürst Friedrich August II., Augusts des Starken Ältester, gerne hier aufhielt, begleitet von seinem Günstling, dem mächtigen Premierminister Heinrich von Brühl. Die beiden Männer gingen auf Auerwildjagd.

1758 kehrte der damals gegen Kursachsen Krieg führende Preußenkönig Friedrich II. in das Schloss ein. Er fand an dem Anwesen viel Geschmack. Er würde, soll er geäußert haben, gerne mit Freunden hier wohnen wollen, um ausführlich zu philosophieren. Es blieb bei dem Wunsch. Friedrich führte lieber weitere fünf Jahre Krieg um Schlesien.

Letzter Blaublüter auf Schloss Dobrilugk war der Herzog von Kurland, ein Sohn von Kurfürst Friedrich August II. Schon zuvor hatte man damit begonnen, Ämter und Bedienstete einzuquartieren. Diese Tendenz verstärkte sich, als das Schloss und sein Umland an Brandenburg-Preußen fielen. Zoll-, Justiz-, Forst- und Steuerbehörden zogen ein, zeitweilig auch ein Gefängnis. Dabei ist es, alles in allem, bis zum Frühjahr 1945 geblieben.

Da erschien die Rote Armee und nahm von der Anlage Besitz. Als sie wieder auszog, folgte ihr die Kasernierte Volkspolizei, Vorläufer der Nationalen Volksarmee. Dem Schlossinneren wurden zusätzliche Wände verordnet, auch außen entstanden hässliche Zusatzbauten. Bald waren alle Räume zu eng geworden, so dass

Kurfürst Friedrich August II. von Sachsen, 1715

Rathaus in Kirchhain

die Armee sich an anderer Stelle der Stadt eine Kaserne errichten
ließ. Sie steht immer noch und wird weiter genutzt, nunmehr von
der Bundeswehr.

Die Entdeckung, dass Schloss Dobrilugk eigentlich eine bemerkenswerte Architektur sei, die denkmalpflegerische Zuwendungen
verdiene, wurde erstmals 1906 gemacht. Man begann mit einschlägigen Maßnahmen und setzte sie, immer mal wieder, bis 1925 fort.
Ebenso hat die DDR in der Sache manches unternommen, ungeachtet aller militärischen Nutzung. Die blieb der Anlage erhalten
bis zum Ende des ostdeutschen Arbeiter-und-Bauern-Staats.

Nach der Wiedervereinigung wurde Besitzer zunächst das Bundesvermögensamt. Es hielt nach einem privaten Nutzer Ausschau
und fand keinen. Daraufhin überließ es das Objekt der Stadt Doberlug-Kirchhain, die sich seither um den Unterhalt und die Restaurierungsarbeiten kümmert, unterstützt vom Land Brandenburg, von
einem lokalen Förderverein und, vor allem, von sehr viel öffentlichem Geld.

Diese Arbeiten sind weiterhin im Gange und werden noch eine Weile andauern. Allein der Abriss der NVA-Zusatzbauten gestaltete sich recht aufwendig, fünftausend Tonnen Betonschutt mussten fortgebracht werden. Der Dachstuhl zeigte sich marode. 1998 erhielt der Innenhof ein neues Pflaster. Die Außenfassade zur Straße hin ist inzwischen völlig renoviert. Das Schloss präsentiert sich hier schon wieder als ein Bauensemble von beeindruckender Schönheit. Sachsens Barock, zu sehen, ist deutlich heiterer, gelassener, diesseitiger als der Barock in Böhmen, Österreich oder Spanien.

Schloss Dobrilugk steht auf leicht verzogenem, rechteckigem Grundriss. Der Nord- und der Südflügel haben drei, die beiden anderen Flügel zwei Geschosse. Es gibt zwei Treppentürme, von denen jener in der Südwestecke eine hohe Barockhaube trägt und die Schlossdächer deutlich überragt. Das Eingangsportal ist von massiven Quadern eingefasst und nach oben hin abgeschlossen mit einem spätbarocken Tympanon. Der Schlossgraben liegt inzwischen trocken. Es gibt Giebelfassaden auch auf der Hofseite. Dort finden sich ein barocker Brunnen und eine steinerne Galerie mit Masken, von deren Gesichtern keines den anderen gleicht. Der Bildhauer ist namentlich bekannt: Heinrich Weinhardt. Er kam aus Pirna und brachte die zu bearbeitenden Sandsteine von dorther mit.

Brunnen im Schlosshof

Im Inneren gibt es Räume mit erhaltenen Stuckdecken, die noch aus der Gersdorf-Zeit stammen. Der große Saal befindet sich im Südflügel. Die Gesamtanlage des Baus ähnelt der des Schlosses in Merseburg, was sich dadurch erklärt, dass ein wichtiger Bauherr Christian I. war, Herzog aus der Seitenlinie Sachsen-Merseburg.

Schloss Dobrilugk ist ein sogenannter Jahresbau. Was bedeutet: Es zeigt einen hohen Turm (für das Jahr), vier Flügel (für die Jahreszeiten), zwölf Giebel (für die Monate) und zweiundfünfzig Fialen, das sind Ziertürmchen, auf diesen Giebeln (für die Wochen), und es hatte einmal dreihundertfünfundsechzig Fenster (für die Tage im Jahr). Dreihundertzwanzig Fenster blieben erhalten.

Der Schlosspark wurde auf dem vormaligen Zisterzienserfriedhof angelegt. An die Existenz des Klosters erinnert außer der Kirche

noch das Refektorium. Jüngst wurde es erneuert, seine Innenar-chitektur kombiniert auf angenehme Weise Zeitgenössisches mit Überliefertem. Hier ist die liebevoll geordnete Ausstellung zu seh-en, die sich bislang im Schloss befand.

Außer Preußenkönig Friedrich hat sich als anderer feindlicher Monarch der Franzosenkaiser Napoleon in Doberlug aufgehalten. Er dachte darüber nach, den Ort zur Festung zu machen, ließ dann aber davon ab: Das Gelände war ihm zu sumpfig. Er zog weiter nach Leipzig, wo er die Völkerschlacht und anschließend seine Herrschaft verlor. »In de Befreiungskrieje wulde Napoljonn eejentlich noch ne Schlacht bei Dobaloch machn. Doa isse moa uffn Jaljenberch jejang un hat sich alles anjekuckt, wie arsch machen kinde, dassa jewinn täde.«

Die Mundart, man erkennt es, hat nichts mit märkischem Platt gemein. Sie ist obersächsisch. Die gesamte Region gehörte wäh-rend einer langen Zeit ihrer Geschichte zu Sachsen. Aber das sagten wir bereits.

Bestattung im Bierfass

Dahme heißen eine Ortschaft und ein Fluss. Der Fluss entspringt nahe der Ortschaft, daher der gemeinsame Name. Das Wort, so die übliche Erklärung, ist wendischen Ursprungs, lautet Dembrowa und bedeutet Eiche.

Der Fluss Dahme trug früher die Bezeichnung Wendische Spree, weil er, nach fünfundneunzig Kilometern, in die eigentliche Spree mündet. Der Ort, wo dies geschieht, ist Köpenick, einst selbständiges Gemeinwesen und seit 1920 Teil Berlins. Kurz vor der Mündung führt ein Flussabschnitt den Namen Frauentog, was darauf aufmerksam macht, dass früher hier Wäsche gespült wurde.

Auf ihrem Weg durchquert die Dahme etliche Seen. Bei Staakow, einem Dorf, passiert sie einen Naturpark, der mehr als hundert von Wäldern gesäumte Seen umfasst. Ortschaften, die am Fluss Dahme liegen, sind zum Beispiel Märkisch-Buchholz, Zeuthen und Königs Wusterhausen.

In Märkisch-Buchholz besaß Franz Fühmann, einer der wichtigsten Dichter der DDR, widerspenstiger Geist und Förderer unbequemer Talente, sein Sommerhaus. In Königs Wusterhausen stand 1920 der erste deutsche Rundfunksender.

Früher hieß der Ort Wendisch Wusterhausen. Seine erste urkundliche Erwähnung, als wosterhusen, datiert auf das Jahr 1320. Es gab eine Burg und ein Dorf. Die Burg wurde zum Schloss, das Ende des 17. Jahrhunderts die Hohenzollern erwarben. 1698 erhielt es der damalige Kurprinz Friedrich Wilhelm, der spätere Soldatenkönig, von seinem kurfürstlichen Vater als Geschenk samt den zugehörigen Gütern. Die ließ er mustergültig bewirtschaften und machte sie so zum Vorbild für die Agrarwirtschaft im Land.

»Königs Wusterhausen ist vielleicht mehr als irgendein anderer Ort, nur Potsdam ausgeschlossen, mit der Lebens- und Regierungs-

König Friedrich Wilhelm I., 1713

Dahme in Königs Wusterhausen

geschichte König Friedrich Wilhelms I. verwachsen. Hier ließ er als Knabe seine ›Kadetten‹ und einige Jahre später seine ›Leibcompagnie‹ exerzieren. Hier übte und stählte er seinen Körper, um sich wehr- und mannhaft zu machen, und hier, nach erfolgtem Regierungsantritte, fanden jene weidmännischen Festlichkeiten statt, die Wusterhausen recht eigentlich zum Jagdschloss par excellence erhoben. (…)

Wenigstens zwei Monate alljährlich wohnte König Friedrich Wilhelm I. in Wusterhausen. Spätestens am 24. August traf er ein, und frühestens am 4. oder 5. November brach er auf. Die ersten acht Tage gehörten der Rebhuhnjagd, vorzüglich auf der Großmachnower Feldmark; später dann folgten die Jagden auf Rot- und Schwarzwild. Zwei Festlichkeiten im größeren Stil gab es herkömmlich während der Wusterhausener Saison.«

So Theodor Fontane. Für seine »Wanderungen« ist er auf einem Boot namens »Sphinx« die Dahme stromaufwärts geschippert und suchte unter anderem Königs Wusterhausen auf.

Friedrich Wilhelm I. hat das dortige Schloss als Aufenthaltsort bevorzugt. Seine »Leibcompagnie« waren die berühmten Langen Kerls, die er sich aus ganz Europa zusammenkaufte, da er meinte, körperliche Größe allein wirke schon abschreckend auf den Feind. Seine Vorliebe trug ihm den Beinamen Soldatenkönig ein.

Er war einer der wichtigsten Herrscher aus dem Haus Hohenzollern, wobei sein Ruf nicht der allerbeste ist. Außer seiner Soldatenmarotte war er berüchtigt wegen seiner vulgären Männerrunden und wegen des rüden Umgangs, den er seiner Umgebung angedeihen ließ. Dies alles ist unbestreitbar. Die vollständige Wahrheit ist es nicht.

Sein Vater, erster König in Preußen, war ein Verschwender, der einen Schuldenberg hinterließ. Friedrich Wilhelm verabscheute allen feudalen Prunk. Er reduzierte die Hofkosten auf ein Fünftel und behielt von den hundertzweiundvierzig Schlössern des Vaters sechsundvierzig. Er lebte vergleichsweise einfach. Seine Vorzugsessen waren Weißkohl mit Schweinebauch und grüne Erbsen mit

Hammelfleisch. Er achtete, ungewöhnlich für seine Zeit, auf Sau-
berkeit und Hygiene.

Schloss Königs Wusterhausen

Ungeachtet seines militärischen Eifers, hat er, als König, niemals
einen Krieg provoziert, die siebenundzwanzig Jahre seiner Herrschaft sind eine der längeren Friedensperioden in der brandenburgisch-preußischen Geschichte. Dem Sohn und Nachfolger Friedrich II., blieb es vorbehalten, dass er, kaum gekrönt, die von seinem
Vater geschaffene Armee zur Eroberung Schlesiens kommandierte.
Wie dieser Sohn sprach Friedrich Wilhelm besser französisch als
deutsch und schrieb in beiden Sprachen gleich fehlerhaft: Man
solle keine »Metressen, es beßer zu Nennen Huhren, haben und
ein Gottsehliches lehben führen; diße Regenten wierdt Gott mit allen weldt- und geistsehgen beschütten.«

Er war eine widersprüchliche Erscheinung. Seinen unbestreitbar
positiven Eigenschaften Sparsamkeit, Pflichtbewusstsein, Fleiß und
Unbestechlichkeit, üblicherweise zu den preußischen Tugenden
gerechnet, stehen seine Unbeherrschtheit und seine Brutalität ge-

Ehemaliger Wasserturm
auf dem Funkerberg

genüber. Er machte Brandenburg-Preußen zum absolutistischen Staat. Das vom Vater ererbte Durcheinander der Verwaltung, das auch reichlich Korruption kannte, hat er beseitigt. Er zentralisierte die Administration, zumal die in Sachen Finanzen. Die ersten und letzten Entscheidungen fällte Friedrich Wilhelm selbst.

Er reglementierte den märkischen Adel. Während des Dreißigjährigen Krieges und danach mächtig geworden, mit großen Gütern, abhängigem Landvolk und paternalistischer Verwaltung, waren die preußischen Junker eine politisch bedeutsame Größe. Der König ließ sie Steuern zahlen, nahm ihrer Standesvertretung den Einfluss und verpflichtete ihre Söhne für den Offiziersberuf.

Er war, durch seine Mutter Sophie Charlotte, ein Anhänger des Pietismus geworden, jener protestantischen Erweckungsbewegung, der es um innere Einkehr und durchdringende Frömmigkeit ging. Den einflussreichsten Pietisten Mitteldeutschlands, August Hermann Francke, hat der König gut gekannt und nachdrücklich gefördert. Die Feldprediger in seinem Heer waren Pietisten. Nach dem Muster Franckes richtete er in Potsdam ein Militärwaisenhaus ein.

Er hat sich, so wie Francke, um die Bildung gekümmert. Die Universitäten von Halle und Frankfurt (Oder) erfuhren seine Unterstützung. Er führte die allgemeine Schulpflicht ein, die er freilich nicht durchsetzen konnte. »Wir vernehmen missfällig und wird verschiedentlich von denen Inspectoren und Predigern bey Uns geklaget, dass die Eltern, absonderlich auf dem Lande, in Schickung ihrer Kinder zur Schule sich sehr säumig erzeigen.« Bei seinen eigenen Gütern setzte er sich immerhin durch, in seiner Zeit wuchs die Zahl der Dorfschulen von dreihundertzwanzig auf tausendvierhundertachtzig.

1709 wütete die Pest im Land. Vor allem Ostpreußen wurde weitgehend entvölkert. Zum Zwecke der Wiederbesiedlung, Peuplierung genannt, erließ er, in Anlehnung an das Potsdamer Edikt seines Großvaters, ein Einladungspatent, mit dem er Tausende protestantische Glaubensflüchtlinge aus Salzburg und Böhmen holte.

Auch durch sie kam es zu einem wirtschaftlichen Aufschwung. Frankreich, politisches Vorbild aller europäischen Fürstentümer, hatte die absolute Königsherrschaft mit der merkantilistischen Ökonomie verknüpft. Dirigistische Maßnahmen und protektionistische Zölle erbrachten einen hohen Warenexport bei niedrigen Einfuhren, Ziel war die Mehrung des Staatsvermögens. Als Friedrich Wilhelm starb, hinterließ er einen schuldenfreien Haushalt und eine Schatulle von acht Millionen Talern. Sie lagerten im Keller des Berliner Schlosses, eingefüllt in Fässer.

Die Langen Kerls (Mindestmaß 1,88 Meter) hielt er nicht nur ihres Schauwerts wegen. Die körperliche Länge erleichterte auch den Umgang mit den schwerfälligen Musketen. Die Kerls kamen aus allen Himmelsgegenden, was sie, trotz ihres ungewöhnlich hohen Soldes, von Desertion nicht abhielt. Fahnenflucht war auch

Anlagen des ersten deutschen Rundfunksenders auf dem Funkerberg

Jacob Paul Freiherr von
Gundling, Karikatur um 1729

sonst ein verbreitetes Übel, drakonische Strafen wie Spießruten-
laufen und Stäupen halfen dem nicht ab. Friedrich Wilhelm bevor-
zugte daher die Gestellung von Landeskindern.

Hierzu erfand er 1733 das Kantonsreglement. Jeder Region im
Land, Kanton geheißen, war ein Regiment zugeordnet. Die jungen
Männer hatten ihre Zeit abzudienen und wurden, wenn dringende
Landarbeit anstand, für einige Wochen beurlaubt. Das System,
auch von anderen Staaten übernommen, stellte eine Vorform der
allgemeinen Wehrpflicht dar. Nicht zuletzt deshalb stieg die Moral
im preußischen Heer unter König Friedrich Wilhelm deutlich.

Sein Interesse für Bildung und Kultur hat ihn nicht daran gehin-
dert, die Hofoper zu schließen: Er wollte das Geld sparen. Dabei
hatte er Sinn für Musik und mochte die Kompositionen Georg
Friedrich Händels. Auch an bildender Kunst zeigte er Interesse und
versuchte sich selbst in der Malerei. Zu seinem Tabakskollegium,
dem Männerkreis in Schloss Wusterhausen, gehörte der Gelehrte Jacob Paul von Gundling, Präsident der preußischen Akademie
der Wissenschaften. Er wurde das Opfer vieler Späße. Der König
zwang ihn, einen hölzernen Kammerherrnschlüssel um den Hals
zu tragen, und ließ ihn in einen Tragesessel tun, dem fortwährend
die Sitzfläche wegbrach. Ein kostümierter Affe trat vor Gundling
als dessen leiblicher Sohn auf. Der Gelehrte soff sich zu Tode, der
König ließ ihn in einem Bierfass bestatten.

Mit seinem Sohn, den er auf unbedingte Männlichkeit drillen
wollte, hatte Friedrich Wilhelm schwere Auseinandersetzungen.
Unterstützt von seinem Freund Hans Hermann von Katte wollte
der junge Fritz der väterlichen Despotie ausweichen und heimlich
nach England gehen, an den Hof seines Onkels König Georg. Das
Vorhaben scheiterte. Katte und Friedrich kamen vor das Kriegsge-
richt. Friedrich Wilhelm wollte beide wegen versuchter Fahnenflucht hinrichten lassen, königliche Ratgeber sorgten dafür, dass
wenigstens der Kronprinz sein Leben behielt. Dafür musste er mit
ansehen, wie seinem Freund im Schlosshof von Köpenick der Kopf
abgeschlagen wurde.

Die Herrschaft Friedrich Wilhelms machte Brandenburg-Preußen zu einem stabilen und prosperierenden Staat. Die Grundlagen für den Aufstieg zur europäischen Großmacht waren damit geschaffen und waren, dem Stil der Zeit gemäß, vornehmlich militärischer Natur. Das stehende Heer bestand zuletzt aus achtzigtausend Mann. Mehr als vier Fünftel der Staatsausgaben flossen in die Rüstung. Man hat Preußen eine Armee genannt, die sich einen Staat hielt. Der Schöpfer dieser Verhältnisse war König Friedrich Wilhelm I.

Er lebte nicht sehr gesund. Zuletzt war er fett und schwerfällig, litt an der Gicht und an Wassersucht. Reiten konnte er schon lange nicht mehr. Er starb im Alter von zweiundsechzig Jahren.

Über sich selbst hat er einmal gesagt (in ordentliche Schreibweise übertragen): »Mein ganzes Leben hindurch fand ich mich genötigt, zwei Leidenschaften anzuhängen. (...) Eine war ungereimter Geiz und die andere eine ausschweifende Neigung für große Soldaten. Nur wegen dieser so sehr in die Augen fallenden Schwachheiten vergönnte man mir das Einsammeln eines großen Schatzes und die Errichtung einer starken Armee. Beide sind da, nun bedarf mein Nachfolger weiter keiner Maske.«

Hinrichtung Hans-Hermann von Kattes, Grafik um 1730

Braustube im Siechenhaus

Kloster Zinna ist heute ein Ortsteil von Jüterbog. Zuvor war es eine selbständige Stadt, gegründet durch Preußenkönig Friedrich II., der Handwerker aus der Lausitz hier ansiedeln ließ, vornehmlich Tuchweber. Das Denkmal für den Monarchen, eine eher zierliche Skulptur, steht auf dem Marktplatz und zeigt ihn, Dreispitz auf dem Kopf und Stock in der Rechten. Der Sockel trägt die Aufschrift: »Friedrich dem Großen, dem Begründer der Stadt im Jahre 1764, das dankbare Kloster Zinna 1864.«

Der Ortsname macht darauf aufmerksam, dass früher eine monastische Anlage hier stand. Architektonische Reste sind noch vorhanden und lassen sich besehen, insgesamt vier: die Klosterkirche, die Neue Abtei, das ehemalige Siechenhaus und das ehemalige Zollhaus.

Die Klosterkirche wurde aus Feldsteinen errichtet; das gleiche Material findet sich bei zahlreichen Dorfkirchen der Mark. Der Baustoff der übrigen Anlagen ist Backstein und der Stil gotisch, auch dies wiederholt sich bei alten Gebäuden anderswo, geistlichen vor allem, wiewohl nicht ausschließlich und dies nicht bloß in der Mark, sondern im norddeutschen Raum insgesamt.

Die Gotik kam aus dem hochmittelalterlichen Frankreich. Ihr Ziel war es, die vergleichsweise gedrungene, in ihren Grundzügen der römischen Antike entlehnte Sakralarchitektur aufzuheben. Betont wurde nunmehr alles Senkrechte, erstrebt wurde eine größtmögliche Höhe, alles sollte dorthin weisen, wo nach frommer Überzeugung der himmlische Herrgott saß. Die Materialität von Wänden und Mauern sollte wie aufgelöst wirken, durch eingefügte Galerien, durch große Fenster, alles glich sich der zeitgleich herrschenden Mystik an und wiederholte sich in den Statuen von Heiligen, deren

Fridericus-Denkmal auf dem Marktplatz von Kloster Zinna

Kloster Zinna

163

Körperlichkeit wie nicht mehr vorhanden scheint unter dem üppigen Faltenwurf ihrer Gewänder.

Das Baumaterial der französischen Gotik war Sandstein. Er blieb es beim Vormarsch des Stils auf Territorien rechts des Rheins. In Norddeutschland gab es keinen Sandstein. Kirchliche Bauten mussten sich mit jenen Materialien behelfen, die man vorfand: Hölzer, Feldsteine, Lehmziegel.

Feldstein vermochte die architektonischen Bemühungen der Gotik nur in Ansätzen zu befolgen, die Klosterkirche von Zinna beweist es. Mit Ziegeln ließ sich immerhin der sandsteingotische Höhendrang übernehmen. Filigrane Lösungen bei Pfeilern und Rosettenfenstern waren in grober Andeutung zu erreichen, andererseits fielen bestimmte Transportprobleme fort: Backsteine waren rascher herbeizuschaffen und leichter zu handhaben als das aus Steinbrüchen gewonnene Material. Die Backsteingotik entwickelte ihre eigene Ästhetik und ihre eigenen Traditionen. Ihre Sakralbauten prägten das Bild vieler spätmittelalterlicher Stadtplätze und vieler ländlicher Klöster aus der gleichen Zeit.

Die Mark Brandenburg besitzt zahlreiche monastische Anlagen. Längst sind sie aufgelassen und bloß noch eindrucksvolle Ruinen. Das Ende der sakralen Nutzung brachten die Reformation und die Säkularisierung. Später dienten die Gebäude allerlei kirchenfernen Zwecken, oder sie wurden abgerissen, die Ziegel fanden andernorts Verwendung.

Brandenburgischer Buchdruck des Marienpsalters

Kloster Zinna diente einem Magdeburger Finanzadministrator als Sommerresidenz. Die Hohenzollern nutzten es als Jagdschloss. 1709 trafen sich hier drei europäische Könige: der von Preußen, der von Polen und der von Dänemark. Es ging darum, über die Konkursmasse von Schwedenkönig Karl XII. zu befinden. Der einst als Kriegsgenie gefürchtete Skandinavier hatte soeben in der Schlacht bei Poltawa eine vernichtende Niederlage erlitten.

Nachdem der Enkel eines jener drei konferierenden Monarchen, Fridericus Rex, auf dem Gelände von Kloster Zinna die gleichnamige Stadt ins Leben gerufen hatte, ein Jahr nach dem letzten

seiner Schlesischen Kriege, ging der Zerfall der monastischen Gebäude immer fort. Das Zeitalter kannte noch kein historisches Bewusstsein. Es bildete sich erst während des 19. Jahrhunderts, im
Zeichen der Romantik, die den Rang überkommener Architekturen
erkannte und einiges unternahm, deren Zerfall aufzuhalten und
vorhandene Schäden zu tilgen. Es war der Beginn der modernen
Denkmalpflege. Zugleich war es die Zeit, da man frühere Stile für
moderne Gebäude wiederbelebte und die Backsteingotik Verwendung fand bei den Fassaden von Volksschulen, Gerichtsgebäuden
und Postämtern.

Seitdem hat man sich auch um den Erhalt der noch vorhandenen vier Gebäude des Klosters bemüht. Man weiß inzwischen, dass
hier, in der Klosterdruckerei, der älteste Buchdruck Brandenburgs
entstanden ist, der Marienpsalter von 1493, hergestellt von Hermannus Nitzschewitz.

Als der sein Handwerk ausübte, war es bereits die Epoche der Reformation. In Mitteldeutschland hatte sie sich noch nicht durchge

Innenraum der Klosterkirche

setzt, dafür anderswo, in England und in Böhmen. Ein Vierteljahrhundert darauf sollte sie ihren Mittelpunkt nahe Zinna finden, im Wittenberg des Martin Luther. An dessen Universität promovierte auch ein Zinnaer Ordensmann. Dergleichen war also möglich. Man mag darin ein Signal der bevorstehenden Auflösung sehen.

Die erfolgte dann 1523, der letzte Abt hieß Valerian. Wohin er verschwand, lässt sich nicht sagen; überliefert ist nur, dass einige Brüder nach Schlesien gingen und dort in einem Kloster unterkamen. Der Grundbesitz fiel großenteils an den Kurfürsten von Brandenburg.

Einst waren die klösterlichen Ländereien Zinnas umfangreich gewesen. Ihre Ausdehnung betrug um die dreihundert Quadratkilometer, es waren Latifundien am Barnim dabei, der größere Teil lag in der Umgebung von Jüterbog. Es gab eine Wallfahrtskapelle auf dem Hohen Golm. Wallfahrer waren Umsatzbringer, das Kloster profitierte davon. Das Kloster profitierte ebenso von den Feldfrüchten, die geerntet wurden und die sich verkaufen ließen, da ihre Mengen den Eigenbedarf bei Weitem überstiegen. Andere Waren stammten aus den klostereigenen Werkstätten, für deren Vertrieb das Kloster Handelsniederlassungen unterhielt, sogenannte Stadthöfe: in Jüterbog, in Wittenberg, in Berlin.

Der Grundbesitz war durch Schenkungen entstanden und durch Erwerb. Die Gelder für den Ankauf mussten zuvor erwirtschaftet werden. Die Klosterbrüder von Zinna hatten damit insofern keinerlei Schwierigkeit, als produktiver Fleiß eine ihrer Grundtugenden war. Derlei galt für sämtliche katholische Klosterorden, für die Zisterzienser galt es zumal, und Zinna war eine Zisterzienserabtei.

Die Gesamtzahl aller katholischen Ordensarten ist beträchtlich. Heute gibt es von ihnen um die zwei Dutzend. Die Bettelorden von Franziskanern und Dominikanern hatten ihren Aufenthaltsort üblicherweise nahe den Städten. Neue Dörfer zu schaffen oder bestehende Dörfer zu missionieren sahen die Zisterzienser als ihre Aufgabe.

Sie waren die wahrscheinlich einflussreichste Klostergemeinschaft des europäischen Hochmittelalters, und ihr Erfolg ist nicht denkbar ohne das Wirken ihres berühmtesten Vertreters, Bernhard von Clairvaux.

Er war der Spross einer burgundischen Kleinadelsfamilie. Als junger Mann erhielt er eine geistliche Erziehung, trat in ein Kloster ein und erwarb sich rasch ein beträchtliches Ansehen. Seine Beredsamkeit war außerordentlich. Er verfasste theologische Schriften, er mischte sich in die Politik ein, er galt als erfolgreicher Dämonenaustreiber und Heiler. Selbst magenkrank und immerfort mit seiner Anorexie kämpfend, hatte er, wenn er durch die Lande zog, ganze Scharen von Kranken und Besessenen hinter sich, die um seine Zuwendung bettelten. Er war ein begehrter Prediger selbst im Ausland, wo er sich, etwa östlich des Rheins, nur über Dolmetscher mitteilen konnte.

Mosaik im Chorfußboden

Chor der Klosterkirche

»Eia, tapferste Ritter, gürtet euch also, und wer kein Schwert hat, kaufe sich eines«, predigte er. »Wenn du ein kluger Kaufmann bist, ein Mann des Erwerbs in dieser Welt, dann künde ich dir große Märkte an. Schau zu, dass du sie nicht versäumst!«

Mit solcher Propaganda warb er für den Kreuzzug. Es war dies der zweite von insgesamt sieben, und wie alle späteren würde er im Heiligen Land eine schwere Niederlage einfahren. Das von Moslems besetzte Jerusalem war von den Kreuzzugszielen das wichtigste. Daneben gab es andere, geografisch näher gelegene und im Ergebnis lohnendere. Die christliche Wiedereroberung der spanischen Halbinsel gehörte dazu und die christliche Eroberung westslawischer Territorien. Dies war das Operationsgebiet des Ordens, dem Bernhard angehörte, und seine Ordensbrüder verfuhren genauso wie von Bernhard in seinen Predigten empfohlen.

Die Zisterzienser trugen ihren Namen nach ihrem Gründungsort, dem Kloster von Cîteaux. Es lag im ostfranzösischen Burgund, einer Landschaft, wo seit mehr als einem Jahrhundert die vielfach degenerierte Klosterbewegung des heiligen Benedikt eine gründliche Erneuerung erfuhr. Cîteaux bedeutet Zisterz, Zisterne, Brunnen, der Name ließ sich auch symbolisch nehmen.

Benedikts Forderung an die Mönche hatte gelautet: ora et labora, bete und arbeite. Das Kloster war auch ein Wirtschaftsbetrieb: mit Gemüsegärten, Äckern und Werkstätten. Die Zisterzienser setzten auf Arbeit. Sie waren Kolonisatoren. Sie widmeten sich dem Ackerbau und der Viehzucht. Ihre Klosteranlagen errichteten sie nicht, wie die Benediktiner, einsam auf Hügeln, sondern auf dem flachen Land, nahe dem Wasser, wie es in Brandenburg häufig war.

Sie hatten Erfolg. Ganz Ostelbien wurde überzogen von einem Netz zisterziensischer Abteien. Ihrer Entstehung zufolge waren dies allesamt Filiationen, Tochtergründungen bereits bestehender Klöster; die unumstrittene Zentrale, der man rechenschaftspflichtig blieb, befand sich in Cîteaux. Die drei ältesten und mächtigsten Klöster der Mark Brandenburg, Zinna, Lehnin und Chorin, waren zisterziensisch.

Die Abtei in Zinna, monasterium Coena S. Mariae, entstand als erste. Ihre Gründung erfolgte Ende des 12. Jahrhunderts, zusammen mit der deutschen Besiedlung des Gebietes um Jüterbog. Filiation des Klosters Altenberg nahe Köln, hatte sie als Initiator Wichmann, den Erzbischof in Magdeburg, der seinerseits in Verbindung stand zu Albrecht dem Bären, Brandenburgs erstem Markgrafen. Als seinen Standort wählte das Kloster die Niederung der Nuthe, eines Nebenflusses der Havel. Das sumpfige Gelände musste zuvor trocken gelegt werden. Die Arbeiten begannen 1190.

Das Kloster wuchs. Es wuchs zu beträchtlicher Stärke. Immer wieder gab es innermonastische Konflikte, die aber beigelegt wurden. Es gab Überfälle durch märkische Raubritter, die Quitzows und die Gänse zu Putlitz, sie wurden abgewehrt. Im Lauf der Jahrhunderte erlitt dann der Orden das nämliche Schicksal wie die Bernhardiner, von denen er sich einst hatte absetzen wollen: Die Kräfte ließen nach. Der Wohlstand war zu verführerisch geworden. Der innere Zerfall begann. Die Reformation setzte das Ende: Das finale Datum fiel in das Jahr 1523.

Zinna gehört zu den von Touristen viel besuchten Klosteranlagen in der Mark Brandenburg. Man besichtigt die schönen, wiewohl stark ausgeblassten Fresken in der Neuen Abtei, die nunmehr als Museum dient und eine ausführliche Ausstellung zu den Zisterziensern unterhält. Regelmäßig im Sommer finden Konzerte statt. Der Rundgang endet im ehemaligen Siechenhaus, das nun als Braustube dient.

Beim Eintreten verschlägt es etwas den Atem. Die Luft ist gesättigt von allerlei Essenzen und vor allem mit flüchtigem Alkohol. Weiter hinten stehen glänzende Kupferaggregate, summen vor sich hin und destillieren einen Likör. Man soll ihn probieren. Er schmeckt nach Pommeranzen, Wermut und Zucker. Sein Name ist Zinnaer Klosterbruder, und es gibt ihn seit 1759. Da war das Kloster schon zweieinhalb Jahrhunderte verwaist. Die Wiederauferstehung der Mönche von Zinna erfolgte als Kräuterschnaps.

Kräuterschnaps

Umgedreyt van Wei und smärte

Der Fläming ist ein eiszeitlich gebildeter Höhenzug im südwestlichen Teil Brandenburgs. Die Länge beträgt um die hundert Kilometer, die Breite wechselt zwischen dreißig und fünfzig Kilometern. Höchste Erhebung ist der Hagelberg mit zweihunderteins Metern. Die Grenze zwischen Hohem und Niederem Fläming verläuft bei Jüterbog, die Grenze zwischen den Bundesländern Brandenburg und Sachsen-Anhalt südwestlich von Wiesenburg.

St. Nikolai-Kirche in Jüterbog

Der Fläming wurde, wie die gesamte Mark Brandenburg, im 12. Jahrhundert christianisiert. Zu den Kolonisten gehörten Flamen, die wegen ihrer Erfahrung in Deichbau und Trockenlegung begehrt waren. Der Flurname Fläming kam erst Mitte des 19. Jahrhunderts in Umlauf. Vorher hieß der Höhenzug Sächsischer Grenzwall, der slawische Name lautete Chabov.

Der Höhenzug ist dünn besiedelt und galt lange als ein Armenhaus. Die Landwirtschaft widmete sich der Viehzucht und dem Anbau von Roggen und Rüben. Die größten Städte auf Brandenburger Seite sind Belzig und Jüterbog. Der Hohe Fläming ist Naturpark, was ebenso für den sachsen-anhaltinischen Teil zutrifft.

Es gibt aus Feldsteinen errichtete Kirchen. Der letzte frei hier lebende Wolf wurde 1961 erlegt. Er war zugewandert aus der Hohen Tatra, wog siebzig Kilogramm und wurde später ausgestopft. Kulinarische Spezialität der Region ist der Klemmkuchen.

– Ich sehe, Sie lesen diesen Prospekt, »Vitaler Fläming«. Schlagen Sie die Seite 48 auf. Lesen Sie die Überschrift: »Vitaler Fläming – schafen & träumen.« Schafen. Sehr komisch.
– Ein Druckfehler.
– Nein. Man will Leute anlocken wie Schafe. Man setzt auf Herdentrieb und geringe Intelligenz. Schafen ist eine Freudsche Fehlleistung.

171

– Freud hatte keine Fehleistung.
– Aber es handelt sich deutlich um eine Offenbarung von Unterbe-
wusstsein.
– Der Prospekt wirbt für den Tourismus.
– Ich hasse Tourismus.

In Belzig gibt es seit 2009 eine Gedenkstätte für den Malerpoeten Roger Loewig, untergebracht im sogenannten Schweizerhaus. Der 1930 in Schlesien Geborene kam nach dem letzten Krieg in die Lausitz und anschließend nach Ost-Berlin. Er wurde Lehrer. Als Bildkünstler war er Autodidakt. Seine erste Ausstellung 1963, veranstaltet in privaten Räumen, führte zu seiner Verhaftung durch die DDR-Behörden und zur Verurteilung wegen »staatsgefährdender Hetze und Propaganda in schwerwiegendem Falle«. 1972 konnte er mit Hilfe der Bundesregierung nach Westberlin ausreisen, wo er fortan lebte. Er litt schwer unter den psychischen Nachwirkungen seiner Haft in der DDR. Loewigs Bilder erzählen davon wenig, eher schon seine Verse. Seine Bilder sind realistische Wiedergaben von Menschen, Landschaften und Bauwerken, auch solchen der Mark Brandenburg. Expositionen im In- und Ausland machten ihn bekannt. Seine Gedichte erschienen in einem Berliner Verlag. 1997 ist er nach schwerer Krankheit gestorben.

Roger Loewig

By et Krüz met schreijende Ougen
Stund die Mueder diep bewoagen,
Doa de soan dondnaelt hing.
Un in ör verzuchend Härze,
Umgedreyt van Wei und smärte,
Een dörchborend Schlagswärt ging.
   Übertragung des Stabat mater in das einst auf dem Fläming gesprochene Platt.

Die Bauern der Fläming-Gemeinde Damelang schlossen sich 1972, nicht ganz freiwillig, zusammen in einer Landwirtschaftlichen Pro-

Marktplatz von Jüterbog

duktionsgenossenschaft des Typs III. Der selbst bestimmte Betriebsname lautete Wiesengrund. Der Staat verordnete eine massenhafte Viehhaltung, tausendvierhundert Rinder, davon siebenhundertfünfzig Milchkühe, dienten einer extensiven Milchproduktion. Die Bauern arbeiteten ordentlich und legten sich moderne Anlagen zu, andere Überschüsse kamen dem Kindergarten zugute und dem Straßenbau. Wie viele Landwirte in der DDR lebten auch die von Damelang alles in allem nicht übel.

Das Jahr 1990 brachte für sie eine beträchtliche Unsicherheit. Statt der bisherigen Kommandowirtschaft sollte jetzt der Markt regieren, die hochkomplizierten Praktiken des Brüsseler Agrarrechts kannten die Bauern nicht. Von einer Fortführung der genossenschaftlich betriebenen Großflächenwirtschaft wurde dringend abgeraten. Stattdessen priesen westdeutsche Bauernfunktionäre die Vorzüge des landwirtschaftlichen Familienbesitzes.

Die Leute von Damelang wollten den Eintritt in die Marktwirtschaft wagen. Sie reduzierten ihren Viehbestand auf eine handhab-

Werenzhain im Fläming

bare Größe. Sie entließen Arbeitskräfte und sorgten für deren Beschäftigung anderswo. Ein Vertrag mit der Meiereizentrale Berlin sicherte die Abnahme der erzeugten Milch.

Im Dorf tauchten Kaufinteressenten auf und unterbreiteten Angebote. Rundum ereigneten sich ständig Eigentumshändel und ökonomische Zusammenbrüche. Die Damelanger Genossenschaftsmitglieder entschlossen sich zum Verkauf.

Es sollte dabei um den Tierbestand gehen, um die Anlagen zur Milchaufbereitung und um den Boden, worauf Ställe und technische Einrichtungen standen. Sie waren das Herzstück der LPG Wiesengrund und ihr eigentliches Kapital. Der Erlös sollte unter den Genossenschaftsmitgliedern aufgeteilt werden. Die Äcker würden so, wie sie einst in die Genossenschaft eingebracht worden waren, an die ursprünglichen Eigner oder deren Erben zurück gehen. Hinfort sollte es jedem überlassen bleiben, wie er mit seinen Böden verfuhr.

Unter mehreren Angeboten wurde jenes mit den größten sozialen Sicherheiten gewählt. Die Kaufsumme sollte 1,2 Millionen

Mark betragen. Es sollte eine Arbeitsplatzgarantie geben. Käufer war eine Milch und Mast GmbH mit Geschäftssitz in der Nähe von Guben, die Betreiber stammten aus Niedersachsen.

Der Kaufvertrag wurde im Oktober 1990 unterzeichnet. Die Käufer pachteten zusätzlich Böden für Futteranbau und Weide. Die erste von drei vereinbarten Zahlungsraten, fünfhunderttausend Mark, war am 31. Dezember 1990 fällig und wurde pünktlich entrichtet.

Der nächste Zahlungstermin, im Jahr darauf, wurde nicht eingehalten. Die Milch und Mast GmbH entschuldigte sich mit vorübergehenden Liquiditätsproblemen. Die Bauern von Damelang entschlossen sich zur Geduld.

Da entdeckten sie, wie aus ihrem Dorf Kühe, die eigentlich in den Ställen verbleiben und dort Milch geben sollten, heimlich abtransportiert wurden. Von den übernommenen Arbeitskräften erhielten die ersten ihre Kündigung. Die Bauern wurden unruhig.

Im Dorf erschienen zwei Brüder, Landwirte aus Nordrhein-Westfalen. Sie inspizierten alle Anlagen und Äcker. Sie erzählten, wie sie im Begriff seien, von der Milch und Mast GmbH deren Besitz in Damelang käuflich zu erwerben. Der Preis sollte 3,2 Millionen Mark betragen. Es sollten auch Böden veräußert werden, die der Milch und Mast GmbH nicht gehörten.

Die Bauern zogen vor das Kreisgericht, es kam zur Verhandlung. Die Kammer entschied, dass der Verkauf der Damelanger Milcherzeugung nicht rechtsgültig sei. Die beiden westfälischen Landwirte zeigten an der Übernahme keinerlei Interesse mehr.

Obstgarten

Die Milch und Mast GmbH legte gegen den Kreisgerichtsentscheid Berufung ein. Der Fall kam vor das Oberlandesgericht in Brandenburg. Milch und Mast wurde verpflichtet, über die Zahlungsmodalitäten, die ausstehenden siebenhunderttausend Mark betreffend, verbindliche Auskunft zu geben. Eine solche Mitteilung erfolgte nicht, anberaumte Gerichtstermine wurden immer wieder verschoben.

Die letzten der von Milch und Mast übernommenen Arbeitskräfte wurden im Herbst 1993 entlassen. Eine Milchproduktion fand in Damelang nicht mehr statt. Immer mehr Leute aus Damelang fuhren zur Arbeit nach Potsdam oder Berlin. Im Dorf eröffneten ein Gestüt und ein Reiterhof im Western-Stil. Auf dem Gelände der Milcherzeugungsanlagen wucherte das Unkraut.

– *Was haben Sie eigentlich gegen den Tourismus?*
– *Alles.*
– *Er befördert den Umsatz. Er bringt Beschäftigung.*
– *Er verschandelt die Landschaft. Überall bloß noch Beton und As-phalt. Radwege, Skaterpfade, Thermalbäder, Reiterhöfe. Wander-strecken mit den unmöglichsten Namen. Es gibt hier eine Marle-ne-Tour, wegen Marlene Dietrich, der Schauspielerin. Ich bin sicher, dass sie nie in ihrem Leben im Fläming gewesen ist. Neuerdings besitzen wir einen Kunstwanderweg. Er geht hier von Belzig bis Wiesenburg und soll an die Flamen erinnern. Die meisten Plastiken und Objekte stammen von Deutschen. Modernes Zeug, es könnte überall stehen. Kennen Sie einen flämischen Bildhauer?*
– *Ich kenne Constantin Meunier.*
– *Er ist der einzige. Die Maler sind wichtiger, von den Eycks bis zu Ensor, Magritte und Tuymans. Ich persönlich kann die muskulösen Arbeiter von Meunier nicht ertragen. Der ganze Ostblock war voll von Meunier-Imitaten.*

Dorthin werde ich gehen,
wo die Schwäne nicht unter Brücken erfrieren.
Hinter Mauern von Hass kann ich nicht arbeiten,
wenn draußen mein Bruder seine weiße Brust
an der Säge des Eises zerfetzt.

Doch während ich überlege,
wo es sein wird, wohin ich gehen werde,
ahne ich schon, dass es nirgends sein wird.
Vielleicht sinke ich neben einem Schwan
bis zum Hals ins Eis.

Skate-Strecke im Fläming

Schloss Wiesenburg

Oder wenn ich Glück habe,
werde ich ihn bei Tauwetter
sich erheben sehen
und ihm lange mit überschatteten Augen
folgen.
Verse aus einem Gedicht von Roger Loewig.

Die Stadt Wiesenburg hat fünftausend Einwohner. Beherrschendes Bauwerk ist das Schloss, das, einst eine hochmittelalterliche Burg, im 19. Jahrhundert der sächsische Rittergutsbesitzer Curt Friedrich Ernst von Watzdorf erwarb und im Neorenaissance-Stil umbauen ließ. Watzdorf war Abgeordneter der Konservativen zum Deutschen Reichstag.

In der Zeit der DDR wurde das Schloss eine Spezialschule für den Russischunterricht mit angeschlossenem Internat. Inzwischen wird es privat genutzt. Im Toreingang hängen zahlreiche Briefkästen, manche sind noch unbeschriftet. Ein Transparent fordert auf, hier

Schlossherr zu werden. Angeboten werden Eigentumswohnungen. Der Prospekt verspricht:

»Umgeben von einem wunderbar gepflegten Schlosspark, wird das Schloss auch durch kulturelle Veranstaltungen wie Konzerte oder Vernissagen angenehm belebt. In Schloss Wiesenburg lassen sich Leben, Arbeiten und Entspannen auf individuelle Weise verbinden. Wer hier lebt, wird dies mit einem Lächeln bestätigen.«

– Ich muss mich von Ihnen verabschieden. Ich habe noch Pflichten.
– Sie müssen arbeiten?
– Man kann es so nennen. Ich war Lehrer, Kunsterziehung und Deutsch, hier in Belzig, am Fläming-Gymnasium. Ich bin jetzt in Pension, seit drei Jahren. Ich habe mir eine Beschäftigung gesucht, um mich nicht zu langweilen. Auch das Geld kann ich gebrauchen.

Feldsteinkirche in Rädigke

Obstbaumallee

– Welche Beschäftigung?

– Ich führe Touristen.

– Ach.

– Ja. Für heute hat sich eine Gruppe angemeldet. Zweiundzwanzig Personen. Ich werde sie von Belzig Richtung Wiesenburg bringen, auf den Kunstwanderweg.

Besonderes Kleinod

Ich betrete das Gebäude Mittelstraße 8, ein Reihenhaus mit einer Fassade aus rotem Backstein. Die Barockvolute ist weiß gefasst wie das Holz der Fenster. Der Flur ist schmal. Zur Rechten beginnt eine steile Treppe, links öffnet sich ein großer Raum mit einer Dauerausstellung. Am Ende des Flurs geht eine Tür zu einem kleinen, mit Steinen ausgelegten Hof, auf dem ein Blumenkübel steht und dessen Rückfront ein Fachwerkgebäude ist.

Ich gehe die Treppe hinan. Sie ist steil, wie ich es aus Grachtenhäusern in Amsterdam kenne und aus Patrizierhäusern in Brüssel. Das erste Stockwerk bietet Raum für Wechselausstellungen. Es gibt ein paar Möbel aus der Zeit um 1740. In der zweiten Etage steht ein einsames TV-Gerät, es zeigt ein Video zur Geschichte des Hauses.

Brandenburger Tor

Die Wechselausstellungen entstehen in Zusammenarbeit mit niederländischen Institutionen. Ein holländischer Fotograf präsentierte seine Arbeiten. Ein westfriesischer Hersteller von Wandfliesen legte seine Produkte aus, ergänzt durch Erläuterungen zur Geschichte, zur Technologie, zur Ästhetik der Keramiken. Die Dauerexposition im Erdgeschoss informiert über die Geschichte des Hauses und des Viertels, in dem es steht. Es wurde nach seinem Architekten benannt, Jan Bouman.

Die Hohenzollern, die das Kurfürstentum Brandenburg regierten, unterhielten enge Verbindungen zu den Niederlanden und deren Herrscherhaus. Friedrich Wilhelm, später der Große Kurfürst, begab sich als vierzehnjähriger Kronprinz nach Arnheim und Leiden, um dort Erfahrungen zu sammeln und die Sprache zu erlernen. Seine Großmutter war eine Tochter Wilhelms von Oranien, der die Niederlande in die Selbständigkeit geführt hatte. Er selbst ehelichte 1646 in Den Haag Prinzessin Luise Henriette, Tochter des amtierenden Statthalters aus dem Hause Oranien. Sie brachte eine

Holländisches Viertel

181

üppige Mitgift mit in das verarmte Brandenburg; die Niederlande erlebten, während Mitteuropa sich drei Jahrzehnte lang in einem blutigen Religionskrieg ruinierte, gerade ihr Goldenes Zeitalter, mit einer Blüte des Überseehandels und der Bürgerkultur.

Friedrich Wilhelms Enkel, der spätere Soldatenkönig, trat gleich zwei Bildungsreisen in die Niederlande an. Als Kronprinz nahm er am Spanischen Erbfolgekrieg in Flandern teil und reiste später, schon König, in diplomatischer Mission nach Holland. Dies alles begründete sein lebhaftes zivilisatorisches Interesse an jenem Land, Calvinisten wie die Niederländer waren die Hohenzollern zudem. Als es darum ging, die preußische Residenzstadt Potsdam zu erweitern, bestellte der König 1732 zum Architekten den gebürtigen Jan oder Johann Bouman aus Amsterdam. Er hatte ihn bei einem seiner holländischen Aufenthalte persönlich kennengelernt.

Bouman war damals sechsundzwanzig Jahre alt und frisch verheiratet. Er erschien zusammen mit seinem Bruder Dirk, der ihn bei seiner Arbeit unterstützte, später holte er noch seinen anderen Bruder Abraham nach, einen Goldschmied. Die drei waren Söhne des Zimmermanns Michiel Bouman, und auch Jan hatte diesen Beruf erlernt, mit einer ausdrücklichen Lizenz, ganze Häuser zu errichten. Eine förmliche Architektenausbildung im modernen Sinne besaß er nicht.

Er war darin nicht allein. Das gesamte Mittelalter hindurch sind die Baumeister von Burgen, Kathedralen und Wohnhäusern entweder Steinmetze gewesen oder Zimmerleute. Später waren sie auch Artillerieoffiziere; die Berechnungen, mit denen man die Laufbahn von Geschossen bestimmt, lassen sich gleichermaßen in der Statik anwenden. Der erste Berufsarchitekt in der neuen Kulturgeschichte war der Venezianer Andrea Palladio. Die ersten Bauschulen gab es ab dem 18. Jahrhundert in Italien und Frankreich. Die meisten Baumeister jener Jahre, wie Jan Bouman, bezogen ihre Kenntnisse aus den von Dombauern verfassten Werkmeisterbüchern.

Eine der ersten Handlungen Boumans in Potsdam war die Schaffung von Unterkünften für Handwerker, die er aus seinem Heimat-

Potsdamer Stadtschloss, um 1935

land zu holen gedachte. Hierfür musste der Baugrund trockengelegt werden, ein Sumpfgebiet; niederländischen Erfahrungen folgend, wurden ein Bassin und ein Kanal geschachtet, über die das Wasser in den Heiligen See abfließen konnte. Dann entstanden, zwischen 1733 und 1740, in vier Blöcken jene Reihenhäuser, die heute das größte geschlossene Bauensemble niederländischen Stils in Europa sind jenseits der niederländischen Grenzen.

Viele Holländer haben nicht darin gewohnt, und von denen sind die meisten schon nach kurzer Zeit wieder fortgegangen. Die Häuser wurden dann von französischen Hugenotten bezogen, von Künstlern und vor allem von Grenadieren.

Jan Bouman blieb. Architektur ist ein internationales Geschäft. Das war schon im Mittelalter so, bei den Kathedralbaumeistern, und setzte sich fort im Barockzeitalter, wo es in diesem Beruf besonders viele Italiener gab.

Bouman wohnte im Potsdamer Schloss. Sein förmlicher Rang war der eines Schlosskastellans. Für Potsdam errichtete er das Berliner

Tor, die französische Kirche und das Alte Rathaus. Nach dem Tode des Soldatenkönigs und dem Regierungsantritt Friedrichs II. wuchs sein Ansehen. 1748 erhielt er den Titel eines Oberbaudirektors und war, im Potsdamer »Baucomtoir«, verantwortlich für die königlichen Bauvorhaben. Hier musste er mit Georg Wenzeslaus von Knobelsdorff zusammenarbeiten. Das Verhältnis der beiden blieb nicht ohne Spannung.

1755 sollte er in Sanssouci die für einen Barockgarten unverzichtbare Fontäne anlegen. Es misslang ihm. Erst das dampfgetriebene, im Stil einer Moschee entworfene Pumpenhaus des Schinkelschülers Ludwig Persius würde die Fontäne zuverlässig aufsteigen lassen, fast ein Jahrhundert später.

Dessen ungeachtet erhielt Bouman von König Friedrich die Bauaufsicht zusätzlich noch für Berlin. Nunmehr wohnte er in der preu-

Schloss Sanssouci
mit Großer Fontäne

ßischen Hauptstadt, an der Ecke Französische/Markgrafenstraße. Seine wichtigste Arbeit wurde das Palais für den Königsbruder Heinrich, gegenüber dem heutigen Deutschen Historischen Museum. Die barocke Fassung des Berliner Doms, den später Karl Friedrich Schinkel und zuletzt Julius Carl Raschdorff gründlich überbauen würden, geht auf ihn zurück. Er beteiligte sich an der Umgestaltung des Schlosses Schönhausen, Sitz von Königs Friedrichs ungeliebter Gattin Elisabeth, und am Bau der katholischen St.-Hedwigs-Kathedrale.

Er hatte sechs Kinder. Zwei seiner Söhne, Michael Philipp und Georg Friedrich, wurden wie er Architekten. Er war zweimal verheiratet, und offensichtlich ging es ihm wirtschaftlich gut: Der Berliner Verleger und Schriftsteller Friedrich Nicolai rühmt die »schöne Sammlung Malereyen« aus Boumans Besitz. In Berlin ist er dann gestorben, 1776, siebzig Jahre alt. Beigesetzt wurde er im Seitenschiff der reformierten Parochialkirche an der Klosterstraße.

Sein Geschmack war unverkennbar geprägt vom architektonischen Stil seiner Heimat, dem niederländischen Spätbarock. Be-

Tür im Holländischen Viertel

vorzugtes Material war der Backstein, und im Ausdruck ging es um Zurückhaltung, um Verzicht, um calvinistischen Ernst. Damit traf Bouman nicht immer auf Zustimmung. Ein um 1900 erschienenes Lexikon erklärt, seine Bauten erhöben sich »nicht über eine frostige Mittelmäßigkeit«. In anderen Nachschlagewerken kommt er gar nicht vor. Nach den ästhetischen Erfahrungen des Bauhauses von Weimar und Dessau (und seines niederländischen Pendants De Stijl) hat sich der Blick geändert. Bouman wird heute ein ähnlicher Rang zuerkannt wie dem anderen großen Potsdamer Baumeister Knobelsdorff. Solches Urteil dürfte sich mit dem von König Friedrich II. treffen.

Dass Potsdam ein Hauptbetätigungsfeld der großen brandenburgisch-preußischen Baumeister war, von Philipp Gerlach und Johann Friedrich Eosander von Göthe bis David Gilly und Schinkel, ist hinlänglich bekannt. Es macht die Attraktivität der Stadt, bis heute, ungeachtet der Schäden, die der letzte Krieg und der Kahlschlag der DDR hinterließen. Das alte Schloss, Jan Boumans erster Wohnsitz, soll immerhin wiedererrichtet werden. Selbst die Wiederherstellung der Garnisonkirche, einst Grablege von Boumans beiden Dienstherren, dem Soldatenkönig und Fridericus Rex, wird bedacht.

Dass im alten Potsdam nicht nur bedeutende Architekturen und grimmige Militärs zu Hause waren, sondern auch Verleger und Literaten, ist nicht so sehr bekannt. Die Liste der schöngeistigen Autoren reicht von Voltaire bis zu Arnold Zweig, Peter Weiss und Peter Huchel. Gustav Kiepenheuer hat den jungen Bert Brecht verlegt und den noch wenig bekannten Franz Kafka. Sein Lektor Hermann Kesten floh vor Hitler nach Amsterdam, wo er im Exil-Verlag Querido gewirkt hat. Gleichfalls in die Niederlande floh der jüdische Schriftsteller Georg Hermann, von dem das schöne Buch »Spaziergang in Potsdam« stammt. 1943 wurde er aus Amsterdam in das Durchgangslager Westerbok deportiert und von da nach Auschwitz. Zwei Tage nach seiner Ankunft dort war er tot.

Von den Reihenhäusern des Holländischen Viertels stehen heute noch hundertvierunddreißig. In den vierzig Jahren der DDR wurde wenig für sie getan. Viele bröckelten vor sich hin, in manche zogen Hausbesetzer und betrieben ihre alternativen Geschäfte. Nach der Wiedervereinigung gab es allerlei Konflikte um Besitz und Rückerstattung, Räumungsaktionen verliefen nicht ohne offenen Widerstand.

Einmal im Frühjahr findet hier an einem Wochenende das Tulpenfest statt. Ich löse eine Eintrittskarte. Die Straßen quellen über vor Verkaufsständen und Besuchern. Es ist sonnig. Die Häuser, an denen ich vorbeigehe, erweisen sich durchweg als Edeladressen. Das Trödelgeschäft, in dem der Schuster Wilhelm Voigt seine Uniform erwarb, um als falscher Hauptmann das Rathaus Köpenick zu stürmen, gibt es längst nicht mehr. Stattdessen sehe ich Boutiquen, Cafés und Nobelrestaurants. Neben den Eingangstüren hängen die blanken Messingschilder von Ärzten und Anwälten. Holländische Händler verkaufen Pannekoeken und Genever, Holzschuhe und natürlich Tulpen. Holländische Musikanten spielen für holländische Volkstanzgruppen.

Das Fest wie überhaupt die ständigen Verbindungen zu dem heutigen Königreich der Niederlande, so erfahre ich, ist Sache eines Fördervereins. Er hat auch die Einrichtung des Hauses Mittelstraße 8 veranlasst, da es von den Gebäuden des Viertels das mit der besterhaltenen Altbausubstanz gewesen sei. Man habe sich um Gelder und Unterstützer bemüht. Seit 1997 ist das renovierte Objekt zugänglich als Jan-Bouman-Haus, »ein besonderes Kleinod der Potsdamer Baukunst«, lese ich, »das erste städtische, für Immigranten gebaute Siedlungshaus des 18. Jahrhunderts, das komplett für die Öffentlichkeit zugänglich« wurde.

»Ach, wozu eigentlich weitergehen?« fragt in seinem Potsdam-Buch Georg Hermann. »Der alte Turgenjew hatte ganz recht: wenn man wo sitzt, und man sitzt gut da, soll man nie aufstehen, denn man weiß nicht, ob man es noch einmal so gut in der Welt haben wird!«

Dem ist nichts hinzuzufügen.

Altes Rathaus

Zauber der Zerrissenheit

Was für eine schöne Idee! Ein großer Fernsehsender zeigt zur Hauptsendezeit fünf Stunden lang Dokumentarfilme. Ich konnte es kaum glauben, als der rbb Anfang 2010 mit diesem Gedanken an mich herantrat. Wie lange habe ich keinen Dokumentarfilm mehr kurz nach Acht im Fernsehen gesehen?

Zum zwanzigsten Jahrestag des Landes Brandenburg entstehen unter dem Titel »20xBrandenburg« zwanzig Filme, jeder fünfzehn Minuten lang, von der ganz individuellen Handschrift des jeweiligen Autors geprägt. Es geht nicht um Reportagen, sondern um die persönliche Sicht der Regisseure auf das Land und seine Menschen. So etwas nennt man in der Branche Omnibusprojekt. Alle Beteiligten befinden sich auf einer Reise mit gemeinsamem Ziel, aber jeder kann auf seine Weise aus dem Fenster schauen und dabei ganz unterschiedliche Entdeckungen machen.

Diese Reise führt durch alle geografischen und sozialen Landschaften Brandenburgs. Das Land ist groß, es reicht von den Braunkohletagebauen im Südosten bis in die idyllische Seenlandschaft der Uckermark, es gibt die leer stehenden Neubauten in Schwedt und das prosperierende Potsdam, der Speckgürtel um Berlin steht der deutsch-polnischen Grenzregion an der Oder gegenüber. Vom sozialen Spektrum ganz zu schweigen: In den Randgebieten des Landes gehen die jungen Leute weg, weil sie keine Arbeitsmöglichkeiten und damit keine Perspektive für sich sehen, viele Städte und Dörfer überaltern, wogegen am Rand von Berlin viele Städter das Landleben als Ausgleich für sich entdecken.

Ein Flächenland, wenig Industrie, viel Landwirtschaft, geprägt von Tourismus und auch Desillusionierung zwanzig Jahre nach der Vereinigung – und doch leben hier viele Menschen, die gerade deswegen mit beiden Beinen auf dem sandigen Boden stehen und

Allee im Park Sanssouci

diesen Flecken als eine Heimat begreifen, die täglich neu erobert werden will.

Ich selbst bin Zugezogener, allerdings bereits seit fünfundzwanzig Jahren. In Gera wurde ich geboren, aber an die Stadt habe ich kaum Erinnerungen, denn schon als ich zwei Jahre alt war ging es in den Norden, nach Schwerin, wo ich meine Kindheit und Jugend verbracht habe und mich mehr und mehr als Mecklenburger fühlte. Aber die einzige Filmhochschule der DDR gab es eben in Potsdam und so zog ich 1985 nach Brandenburg, auch wenn das Bundesland damals ja noch gar nicht existierte.

Potsdam war keine Liebe auf den ersten Blick, aber es war die Stadt des Films. Der Zauber des Studiogeländes in Babelsberg hatte auf mich eine gewaltige Anziehungskraft. Ich erlebte eine aufregende Studienzeit und nach dem Herbst `89 schien vieles möglich. Mit Freunden besetzte ich 1990 eine Wohnung – so bin ich Potsdamer geworden.

Die Macht der Gewohnheit prägt vieles in unserem Leben und ich habe mich in kleineren Städten immer wohler gefühlt. Man könnte auch sagen, ich bin ein Provinzonkel. Der ruhigere Takt des Lebens liegt mir mehr, besonders natürlich, wenn das aufregende Berliner Leben gleich um die Ecke zu finden ist. Diese Vorzüge von Potsdam sind mir im Laufe der Jahre (und mit wachsendem Alter) immer bewusster geworden, ich habe die Stadt für mich als Heimat entdeckt. Nicht nur, dass viele meiner Freunde hier leben und ich in dieser Stadt arbeiten kann, immer mehr hat sich mir auch die Schönheit erschlossen, die in den Widersprüchen versteckt ist. Das viele Wasser und Grün erinnert mich an meine Kindheit in Schwerin und die Architektur hat neben den Kasernenbauten durchaus Weltläufigkeit: Holländisches Viertel, russische Siedlung, Moschee, chinesisches Teehaus. In die Lücken des Krieges wurden in der DDR Neubauten gestellt und während der letzten Jahre hat eine reiche Klientel Potsdam für sich entdeckt und sperrt nun die Zugänge zu den Seen. Zeiten hinterlassen ihre Spuren ...

Vergnügen und Arbeit haben mich immer wieder ins Brandenburger Land geführt. In Cottbus durfte ich meine ersten Schritte am Theater machen, in Frankfurt (Oder) haben wir das abenteuerliche Filmprojekt »Halbe Treppe« ohne Drehbuch improvisiert und in der Uckermark konnte ich Henryk Wichmann von der CDU im Wahlkampf beobachten. Die Begegnungen mit den Landschaften waren dabei das eine, die Erfahrung von sozialer Zerrissenheit das andere. Mancherorts werden Häuser abgerissen, weil es keine Bewohner mehr gibt, und in einigen Dörfern der Uckermark wohnen mittlerweile mehr Berliner Stadtflüchtlinge als Einheimische.

Brandenburg bietet eine Vielzahl von Geschichten und Widersprüchen, wahrlich. Wie soll man das in zwanzig Filmen unterkriegen? Natürlich, zwanzig ist schon eine Menge, trotzdem können wir nur einen Ausschnitt zeigen. Da gibt es beispielsweise in Steinhöfel eine Panzerfahrschule, die zwei ehemalige Fähnriche gegründet haben. Die Fahrzeuge sind Restbestände der NVA, die Kundschaft kommt aus der ganzen Welt. Signifikanter lässt sich der gesellschaftspolitische Wandel im Lande wohl kaum erleben. Oder Angela und Gudrun. Die beiden haben in Boitzenburg im Keller eines Neubaublocks eine kleine Marmeladenmanufaktur aufgebaut. Sie verarbeiten alles, was in den Obstgärten und auf den Wiesen wächst, experimentieren mit Löwenzahn, Veilchenblüten und Holunder. Am Wochenende verkaufen sie ihre Produkte auf den Märkten der Umgebung. Davon werden die beiden nicht reich, aber ihre Selbständigkeit nach Jahren der Arbeitslosigkeit macht sie stolz.

Geschichten aus Brandenburg erzählen zwangsläufig auch von Umbrüchen und Veränderungen in den vergangenen zwanzig Jahren. Das betrifft den Landpfarrer wie den Bestatter, den Bauern wie den Arbeiter aus Ludwigsfelde. Wir zeigen unterschiedliche Regionen und Stimmungen genauso wie verschiedene soziale Schichten und Altersgruppen. Ein Puzzle setzt sich zusammen – jedes Teil verschieden, aber doch ergibt das Ganze ein Bild. Dabei geht es uns keineswegs darum, ein braves Geburtstagspanorama zum Jubiläum herzustellen, ganz im Gegenteil: Extreme Sichten sind gefragt, ungewöhnliche und freche Stilistik, durchaus Ironie. Auch mit den Klischees über Brandenburg darf gespielt werden. Ein gutes Maß zwischen Empathie und Komik ist uns wichtig.

Dafür bürgen natürlich auch die beteiligten Filmemacher: Gestandene, namhafte Dokumentaristen wie Volker Koepp, Thomas Heise oder Hans-Dieter Grabe genauso wie die Jungen, Burhan Qurbani, Judith Keil, Antje Kruska oder Hakan Mican, mit ihrem frischen, unverbrauchten Blick. Viele von ihnen wohnen selbst in Brandenburg und sind von daher mit dem Umfeld bestens vertraut. Reibung und Spannung auch zwischen den Filmen und ihrer Ästhetik sind beabsichtigt, journalistisches Mittelmaß nicht gefragt, sondern die durchaus unterhaltsame künstlerische Provokation. Ob das am Ende einen spannenden, aufregenden Fernsehabend ergibt, müssen zu guter Letzt die Zuschauer entscheiden – die Brandenburger, aber natürlich auch die Nicht-Brandenburger.

Während ich das hier schreibe, hat unsere eigentliche filmische Reise noch gar nicht richtig begonnen. Unser Omnibus ist aufgetankt, die Koffer sind gepackt und die Filmemacher steigen bald ein. Wir kennen die Route, wissen aber noch nicht genau, was uns an den einzelnen Stationen erwarten wird. Es ist aufregend und spannend. Bald geht es los!

Wie immer – und das ist ja das eigentlich Schöne beim Dokumentarfilm – diktiert das Leben uns die Geschichten und damit auch die Stimmung des Projektes. Wir werden uns davon verführen lassen auf unserer Reise und einfach ganz offen sein. Und hoffen darauf, dass Sie Spaß haben werden an unseren Entdeckungen.

Andreas Dresen
im Mai 2010

Die Beteiligten

Künstlerische Leitung	Andreas Dresen
Projektleitung rbb	Johannes Unger
Redaktion rbb	Ute Beutler
	Gabriele Conrad
	Rolf Bergmann
Redaktionsassistenz rbb	Franziska Schulz
Projektkoordination rbb	Susanne Kumar-Sinner
Produktionsleitung rbb	Rainer Baumert
Ausführende Produktionsfirma	DOKfilm GmbH
Produzent	Dr. Jost-Arend Bösenberg
Herstellungsleitung	Frank Schmuck
Produktionskoordination	Corina Rößner
Produktionsassistenz	Lilly Wozniak
Projektassistenz	Claudia Goldberg

Partner

Medienboard Berlin-Brandenburg	Kirsten Niehuus
	Daniel Saltzwedel
Hochschule für Film und	
Fernsehen Konrad Wolf (HFF)	Prof. Dr. Dieter Wiedemann
	Prof. Peter Badel
ems (Electronic Media School)	Sylvio Dahl
	Annette Moll

Alice Agneskirchner   Alice Agneskirchner stammt aus München, hat dort Theaterwissenschaft studiert. 1989 ging sie an die Filmhochschule »Konrad Wolf« in Potsdam-Babelsberg. Noch vor dem Mauerfall wollte sie das »andere Deutschland« kennenlernen. Da lebt sie seitdem. Ihr Abschlussfilm »Raulien's Revier« erhielt 1996 den Goldenen Hugo in Chicago, für den Imagefilm »Zusammen« (2004) über Volkswagen bekam sie 2004 den Bundeswirtschaftsfilmpreis und ihr persönlichster Film »Liebe Mama ...« wurde 2007 mit dem Dokumentarfilmpreis in München ausgezeichnet.

Jens Becker   Der gebürtige Berliner Jens Becker studierte an der Hochschule für Film und Fernsehen »Konrad Wolf« in Potsdam-Babelsberg, an der er heute selbst als Professor unterrichtet. Er war Meisterschüler von Wim Wenders. Bei cirka 50 Dokumentar- und Spielfilmen war er als Autor und Regisseur tätig, darunter »Adamski« (1994), »Henker – Der Tod hat ein Gesicht« (2001), »Macius« (Kinderanimationsserie, 2001–2006) und »Krieg in der Arktis« (2007). Für seine Filme bekam er Preise wie den Förderpreis der Akademie der Künste (1994), den Preis der Jury beim Filmfestival Max-Ophüls-Preis für »Adamski« (1994) und den Journalistenpreis Thüringen (2003).

Bettina Blümner   Bettina Blümners Langspieldebüt »Prinzessinenbad« (2007) über den Alltag dreier Mädchen, die im Berliner Stadtteil Kreuzberg aufwachsen, brachte ihr nationale und internationale Aufmerksamkeit und den Deutschen Filmpreis 2008 in der Kategorie Dokumentarfilm ein. Von 1999 bis 2004 studierte Bettina Blümner an der Filmakademie Baden-Württemberg und an der Escuela Internacional de Cine y Televisión auf Kuba Regie.

Jean Boué   Jean Boué, Jahrgang 1961, studierte BWL und Kunstgeschichte in seiner Geburtsstadt Hamburg. Seit 1989 arbeitet er als Autor, Regisseur und Produzent von Kurz- und Dokumentarfilmen, hauptsächlich im Auftrag deutscher Fernsehsender. Er realisierte seit 2000 für die ZDF/arte-Reihe »Ma Vie« diverse Filmporträts. Seine Dokumentarfilme bekamen Preise, fanden international Beachtung und gingen mehrfach ins Rennen um den Adolf-Grimme-Preis. U. a. »In Spanien wird man brauner« (1996), »Schützenfest« (1997), »Hr. Klees, Hr. Klinke & Hr. Dikty« (2001), »Die Weltklasse« (2006), »Kennzeichen Kohl« (2008).

Andreas Dresen   Andreas Dresen zählt zu den erfolgreichsten Regisseuren Deutschlands, seine Filme wurden vielfach ausgezeichnet. U. a. erhielt er den Deutschen Filmpreis (für »Nachtgestalten«, 1999 und »Wolke 9«, 2009), den Bayerischen Filmpreis (für »Halbe Treppe«, 2003 und »Sommer vorm Balkon«, 2006) und den Grimme-Preis (für »Die Polizistin«, 2001). Auch sein jüngster Spielfilm »Whisky mit Wodka« (2009) wurde in Karlovy Vary mit dem Regiepreis geehrt. Andreas Dresen absolvierte ein Volontariat im DEFA-Studio für Spielfilme und studierte von 1986 bis 1991 Regie an der Hochschule für Film und Fernsehen »Konrad Wolf« in Potsdam-Babelsberg. Neben der filmischen Arbeit inszenierte Dresen auch an verschiedenen Theatern. Er lebt in Potsdam.

Uli Gaulke   Der gebürtige Schweriner Uli Gaulke studierte zuerst Informatik und betrieb nebenher ein Programmkino, bevor er in das Regiefach an der Hochschule für Film und Fernsehen »Konrad Wolf« in Potsdam-Babelsberg wechselte. Mit seinem Abschlussfilm »Havanna Mi Amor« (2000) gewann er 2001 den Deutschen Filmpreis. Es folgten »Heirate mich« und der international viel beachtete »Leinwandfieber« (2006) über Kinoenthusiasten in Indien, Afrika, den USA und Nordkorea. Nach seinem letzten Film »Pink Taxi« (2009) über ein ungewöhnliches, rein weibliches Taxiunternehmen in Moskau arbeitet er derzeit an einer Doku-Oper in 3D.

Jo Goll / Norbert Siegmund   Jo Goll und Norbert Siegmund sind seit vielen Jahren als Autoren für den rbb tätig. Gemeinsam haben sie zahlreiche Beiträge zu ihren Schwerpunktthemen Jugendkriminalität und der rechtsradikalen Szene in Berlin und Brandenburg produziert. Aufgrund ihrer langjährigen Recherchen öffnen sich ihnen Türen, die anderen Filmemachern verschlossen bleiben. Ihre Filme sind bereits mehrfach mit nationalen und internationalen Preisen ausgezeichnet worden. Beide studierten vor ihrer Journalistenkarriere Politologie und legten damit den Grundstein für ihr investigatives Arbeiten.

Hans-Dieter Grab   Geboren 1937 in Dresden. 1945, nach der Zerstörung Dresdens, Umzug nach Cottbus. Dort Schulbesuch bis 1955. Anschließend Regiestudium an der »Deutschen Hochschule für Filmkunst« in Babelsberg (heute: Hochschule für Film und Fernsehen »Konrad Wolf« in Potsdam-Babelsberg). 40 Jahre als Redakteur beim ZDF. Autor und Regisseur von Magazinbeiträgen und 61 gesellschaftspolitischen und zeitgeschichtlichen Dokumentarfilmen. Auszeichnungen u. a.: ARTE-Dokumentarfilm-Preis (für »Mendel lebt – Wiederbegegnung mit Mendel Szajnfeld«, 1999), Deutscher Kritiker-Preis (für das Gesamtwerk, 1994), Friedensfilmpreis der Berlinale (für »Drei Frauen aus Poddembice«, 1995), Deutscher Fernsehpreis »Der goldene Löwe« (für »Do Sanh – Der letzte Film«, 1998), mehrfach den Adolf-Grimme-Preis (u. a. für »Nur leichte Kämpfe im Raum Da Nang«, 1970 und für »Er nannte sich Hohenstein«, 1995).

Heike Hartung   Die gebürtige Eisenhüttenstädterin wechselte nach ihrem Presse-Volontariat zum Fernsehen und arbeitet seit vielen Jahren für den rbb. Im Jahr 2007 bekam sie die Journalistenauszeichnung »Der Lange Atem« für ihre langfristige Berichterstattung über ein Opfer von rechtsmotivierter Gewalt. Heike Hartung gehörte zum Dreh-Team des Doku-Events »24 h Berlin«.

Thomas Heise   Thomas Heise begann seine Laufbahn als Regieassistent im DEFA-Studio. Anschließend studierte er Regie an der Hochschule für Film und Fernsehen »Konrad Wolf« in Potsdam-Babelsberg. Seine filmischen Arbeiten, die in der DDR entstanden, wurden öffentlich nicht aufgeführt bzw. verboten. Heises Dokumentarfilm »Stau – Jetzt geht's los« (1992) war eine der ersten Auseinandersetzungen mit dem Rechtsradikalismus in Ostdeutschland. Seit 2007 ist Thomas Heise Professor für Film an der Staatlichen Hochschule für Gestaltung Karlsruhe.

Jana Kalms   Die gebürtige Brandenburgerin Jana Kalms absolvierte nach dem Abitur sowohl ein Journalistik-Volontariat als auch ein Politologie-Studium. Seitdem arbeitet sie als Autorin für den rbb und andere Sender und porträtiert Menschen in besonderen Lebenssituationen. Ihr erster Kino-Dokumentarfilm »Raum 4070« (2006) erzählt von Menschen mit Psychosen.

Judith Keil / Antje Kruska   Antje Kruska und Judith Keil sind beide Jahrgang 1973. Sie studierten Publizistik an der Freien Universität Berlin. Für ihren gemeinsamen Dokumentarfilm »Der Glanz von Berlin« (2001) über drei Putzfrauen wurden sie mit dem Grimme-Preis ausgezeichnet. 2009 erschien ihr Spielfilmdebüt, das Jugenddrama »Wenn die Welt uns gehört«.

Andreas Kleinert   Der Autor und Regisseur Andreas Kleinert studierte Regie an der Hochschule für Film und Fernsehen »Konrad Wolf« in Potsdam-Babelsberg, an der er heute selbst Professor für Spielfilmregie ist. Für seine Kino- und Fernsehfilme wurde er mehrfach ausgezeichnet, u. a. mit dem Grimme-Preis (für »Wege der Nacht«, 2001; »Mein Vater«, 2003; »Polizeiruf – Kleine Frau«, 2006), 2003 mit dem Emmy-Award für »Mein Vater« und jüngst mit dem Fernsehfilmpreis der Deutschen Akademie der Darstellenden Künste 2009 für seinen Film »Haus und Kind«. Mit seinen Kinofilmen, u. a. »Wege in die Nacht« und »Freischwimmer« (2007) war er auf allen großen Filmfestivals vertreten, wie Cannes, Locarno, Montreal, Venedig und Berlin.

Volker Koepp   Der 1944 in Stettin geborene Filmemacher Volker Koepp drehte viele Filme über Menschen und Orte im Osten Deutschlands und Regionen des östlichen Europas. Er erhielt dafür unzählige Preise, u. a. den Deutschen Kritikerpreis (für sein Gesamtwerk, 2003) sowie den Deutschen Dokumentarfilmpreis (für »Holunderblüte«, 2008). Der Titel seines jüngsten Films steht sinnbildlich für sein Filmschaffen: »Berlin-Stettin«.

André Meier   Der gebürtige Berliner André Meier lebt seit rund 15 Jahren auf einem Hof am Rande der Uckermark. Nach seinem Studium der Kunstgeschichte war er lange Jahre Redakteur der Zeitung taz. Zuletzt erhielt Meier den 2. Preis des Dokumentarfilmfestivals Timisoara für seinen Film »Das Mädchen und die Panzer« (2009) über die Unabhängigkeit Litauens.

Hakan S. Mican   Der gebürtige Berliner Hakan Savas Mican wuchs in der Türkei auf. 1997 zog er für sein Architekturstudium zurück in die deutsche Hauptstadt. Darauf folgte ein Regiestudium an der Deutschen Film- und Fernsehakademie Berlin. Er lebt und arbeitet als Film- und Theaterregisseur in Berlin. Zuletzt erschienen die Theaterstücke »Der Besuch«, »Die Schwäne vom Schlachthof« und der Kurzspielfilm »Adems Sohn« (2008). Micans Doku-Spielfilm-Projekt »Der Dolmetscher ist tot« (2009) über die Haselnussernte in der Türkei ist zurzeit in der Post-Produktion.

Rosa von Praunheim   Rosa von Praunheim, 1942 in Riga geboren, war ab den 1970er Jahren als Schwulenaktivist tätig. Mit seinen Filmen »Nicht der Homosexuelle ist pervers, sondern die Situation in der er lebt« (1970) und die »Bettwurst« (1971) wurde er bekannt. Inzwischen hat er über 70 Filme gedreht. 2007 bekam er für seinen Film »Meine Mütter – Spurensuche in Riga« viel Anerkennung. In diesem Film machte Praunheim seine dramatische Adoptionsgeschichte öffentlich. Von 2000–2006 lehrte er Filmregie an der Hochschule für Film und Fernsehen »Konrad Wolf« in Potsdam-Babelsberg. Mitte Juli 2010 kommt sein Film »New York Memories« in die Kinos. 2011 folgt sein noch in Arbeit befindlicher neuester Film »Stricher«.

Burhan Qurbani   Der deutsch-afghanische Filmemacher Burhan Qurbani wurde 1980 in Erkelenz geboren. 2002 begann er sein Regie-Studium an der Filmakademie Baden-Württemberg und machte in dieser Zeit erstmals mit dem Kurzfilm »Illusion« auf sich aufmerksam. Sein Spieldebüt »Shahada« über drei Muslime in Berlin während des Fastenmonats Ramadan lief 2010 im Wettbewerb der 60. Berlinale.

Bernd Sahling   Bernd Sahling wurde 1961 in Naumburg geboren. Von 1984–1986 arbeitete er als Regieassistent für Kinderfilme im DEFA-Studio und schloss daran ein Regiestudium an der Hochschule für Film und Fernsehen in Potsdam-Babelsberg an. Seit 1991 ist er freiberuflicher Autor und Regisseur. Für seinen Film »Blindgänger« (2004) über den Alltag zweier blinder Mädchen erhielt er mehrere Preise und Auszeichnungen (u. a. Spezialauszeichnung des Deutschen Kinderhilfswerks, Starkid-Auszeichnung beim finnischen Oulu Kinderfilm Festival). Er leitet nationale und internationale Workshops zur Filmarbeit mit Kindern.

Andreas Voigt   Ob Polen, Großbritannien, die USA, Syrien, Indien oder Russland; Hirten, Nomaden, Siedler und Flüchtlinge: Der 1953 geborene Dokumentarfilmer Andreas Voigt hat schon viele Wege zurückgelegt, um Menschen zu porträtieren oder Ereignisse zu dokumentieren. Für seinen Dokumentarfilm über die Wende »Letztes Jahr Titanic« aus dem Jahr 1991 erhielt er den Adolf-Grimme-Preis. Der Film ist einer von fünf seiner »Leipzig-Reihe« mit der er auch international bekannt wurde.

Mecklenburg-Vorpommern

Uckermark

Putlitz •

Prignitz

Perleberg •   • Kyritz

• Rheinsberg

Ostprignitz

Schwedt •

Wittenberge •

• Neuruppin

Niedersachsen

Fehrbellin •

Oberhavel

Schorfheide

Polen

Barnim

• Marwitz

Bad Freienwalde •

Oranienburg •

Märkisch-Oderland

Havelland

Berlin

• Seelow

Brandenburg an der Havel •

• Potsdam

Fürstenwalde/Spree •

Frankfurt (Oder)

Königs Wusterhausen •

Teltow-Fläming

Sachsen-Anhalt

• Belzig

• Bad Saarow

• Wiesenburg

• Kloster Zinna

Potsdam-Mittelmark

• Buckow

Oder-Spree

• Jüterbog

• Lübben

Dahme-Spreewald

Cottbus

Doberlug-Kirchhain •

• Branitz

Oberspreewald-Lausitz

Spree-Neiße

Elbe Elster

Sachsen

0 km   50 km   100 km

Rolf Schneider, geboren 1932 in Chemnitz, ist seit 1958 freier Schriftsteller. 1976 war er Mitinitiator der Petition gegen die Ausbürgerung Wolf Biermanns aus der DDR. Später arbeitete er als Dramaturg und Regisseur an westdeutschen Theatern und verfasste zahlreiche Romane, Bühnenstücke, Essays und Sachbücher, die in über 20 Sprachen übersetzt wurden. Zuletzt erschien von ihm im be.bra verlag »Fürst Pückler in Branitz«.